Mustapha GUENAOU

Patrimoine culturel immatériel narratif

Mustapha GUENAOU

Patrimoine culturel immatériel narratif

Histoire et mémoire des contes d'Oran considérés comme perdus. L'exemple du conte " Le Génie de l'Aïdour "

Noor Publishing

Imprint

Any brand names and product names mentioned in this book are subject to trademark, brand or patent protection and are trademarks or registered trademarks of their respective holders. The use of brand names, product names, common names, trade names, product descriptions etc. even without a particular marking in this work is in no way to be construed to mean that such names may be regarded as unrestricted in respect of trademark and brand protection legislation and could thus be used by anyone.

Cover image: www.ingimage.com

Publisher:
Noor Publishing
is a trademark of
Dodo Books Indian Ocean Ltd., member of the OmniScriptum S.R.L Publishing group
str. A.Russo 15, of. 61, Chisinau-2068, Republic of Moldova Europe
Printed at: see last page
ISBN: 978-620-3-86006-1

Mustapha GUENAOU

Patrimoine culturel immatériel narratif

Histoire et mémoire des contes d'Oran, considérés comme perdus. L'exemple du conte « Le Génie de l'Aïdour. »

Dédié à

Fatma Rahil

Baha-Eddine Iyyed

INTRODUCTION

Depuis l'arrivée des Nouvelles Technologies de l'Information et de la Communication, le monde est devenu un petit village qui regroupe tous les centres d'intérêt. La communication des documents et leur échange sont, aujourd'hui, simplifiés par l'usage de l'outil informatique[1]. Les scientifiques, enseignants –chercheurs et les chercheurs attitrés, voire les passionnés n'arrivent plus à s'en passer de cette technologie[2].

Le travail de terrain et la familiarisation avec les technologies ont été, pour nous, une forme d'attachement aux documents devenus rares dans nos bibliothèques mais accessibles par l'outil informatique. Nous avons vécu une expérience avec un document, en étroite relation avec le patrimoine culturel immatériel en général et le patrimoine national en particulier : il s'agit d'un manuscrit qui, en un exemplaire unique, nous interpella et nous interrogea avec pertinence.

Passionnant, le texte du manuscrit, traduit, est un conte oranais que nous avons sauvé et surtout pour son origine afin d'éviter l'amalgame entre un conte populaire et une hagiographie : le manuscrit a été découvert/retrouvé à Tlemcen. Le principal personnage du conte populaire est un homonyme par rapport à un « hagionyme » du Hawz de Tlemcen[3], ancienne capitale du Maghreb central.

Bien qu'il soit perdu, nous sommes arrivés à retracer son histoire et connaitre son contenu pour pouvoir sauver au moins sa mémoire et celle de la culture dite populaire de nos ancêtres. Cette intervention nous permet de mettre à jour nos recherches dans le cadre de la sauvegarde de la mémoire collective et du patrimoine culturel immatériel national ou algérien et de participer à la vulgarisation des textes anciens, alors considérés comme tombés en désuétude, perdus ou oubliés.

---

[1] M.Guenaou , L'introduction progressive de l'outil informatique *dans le cadre de la formation et de l'apprentissage des langues étrangères en Algérie in Paradigmes vol IV, n° 01, 2021, pp.135-153*

[2] Nous rappelons la génération de la 3 G.

[3] Nous parlons de l'extra muros.

Pour rester dans le cadre des manifestations du mois du patrimoine, organisées annuellement en Algérie, nous avons ciblé ce conte populaire, méconnu à Oran et à Tlemcen. Pour une meilleure présentation, nous avons pensé à sa mise en valeur par la présentation et la publication de la traduction du conte perdu. Nous insistons sur le passé de l'internet et de l'introduction de l'outil informatique, voire la formation, l'éducation et culture à l'ère du numérique[4].

En termes d'enjeux des Technologies de l'Information et de la Communication par rapport au patrimoine culturel algérien, nous cherchons à rappeler l'importance de la révolution technologique et du web.

Les contes populaires font partie de la culture et du patrimoine ancestral que nos aînés ont pu nous le transmettre à savoir le conte populaire, une composante du PCI, patrimoine culturel immatériel. Plusieurs contes populaires sont tombés en désuétude par le manque de moyens de conservation et de sauvegarde que l'avancée technologique fournit actuellement pour la génération de l'E.N.D. (de l'Electronique, du Numérique et du Digital.)

Grâce à cette avancée technologique, nous pouvons parler de :

- IDAU[5]
- EDEN[6]
- etc.

Nous voulons insister sur un point essentiel : il s'agit d'éviter toute nuance ou une éventuelle confusion qui pourrait se produire. Bien que le conte soit retrouvé à Tlemcen, le personnage du conte, Sidi Abdallah, ne serait pas le même personnage que nous connaissons à Ain El Hûts (Tlemcen) pour plusieurs raisons dont :

- le conte en question est un conte populaire d'Oran.
- Djebel Haïdour se trouve dans la montagne qui qui domine la ville d'Oran.
- L'auteur remonte le conte à la période beylikale.

---

[4] M.Guenaou, L'Ukraine moderne et le monde : perspectives du F.E.C. (Production de l'Université de l'Ukraine), 2020, pp.136-140

[5]M.Guenaou -« Le Roumain à l'ère des Nouvelles Technologies de l'Information et de la Communication. Un processus d'apprentissage dans le temps et dans l'espace : l'exemple de l'IDAU »

[6] M.Guenaou, « Les Techniques de l'Utilisation des Nouvelles Technologies de l'Information et de la Communication et la sauvegarde du patrimoine immatériel : l'exemple de l'I.D.A.U. et de l'E.D.E.N. » (Séminaire national organisé par le laboratoire et leur comparaison, Université Abou Bekr Belkaïd Tlemcen mai 2014)

- Aucune relation n'est relevée ni enregistrée entre Sidi Abdellah du conte populaire et Sidi Abdellah d'Ain El Hûts (Tlemcen), ayant vécu la période des princes de Tlemcen, capitale du Maghreb central.
- Sidi Abdallah d'Ain El Hûts est un saint éponyme, de son vrai nom : « **Abdellah Ben Mansour el Houti Ben Yahia Ben Othman El Maghraoui** »

Pour éviter une éventuelle confiusion, nous insistons sur le fait suivant: l'auteur d' El Boustan avait consacré un long passage à Sidi Abdellah Ben Mançûr (Ibn Meriem, op.cit.,pp.130-133) « Ce saint et vertueux personnage, cet auteur de miracles inouïs, était doué de louables qualités morales et exaucé dans ses prières. Il fut le contemporain de Sidi Ahmed Ben Lahcen El Ghomary. » (Id.)

Nous rappelons, également les pratiques socio culturelles et cultuelles de la localité de Sidi Abdellah Benmansour : « Connue pour le double rassemblement des confréries religieuses, lors des deux fêtes de l'Aid pour leur procession, la localité connait, à ces occasions, une ambiance, grande et forte.

La population locale se raconte les différents miracles, communément appelés karamats Sidi Abdellah. Bien que le fait soit de l'apanage du culte des saints, la grande majorité des habitants rappelle, de temps à autre, des légendes assimilées aux anecdotes relatives au saint- patron local et saint éponyme. »

Dans le cadre de nos investigations, nous avons pu collecter tous les miracles, alors rapportés par la population locale et ceux racontés par Ibn Meriem, auteur d'El Boustane , l'œuvre qui a été traduite par l'orientaliste Provenzali (Id).

« Nous leur consacreront un autre travail qui nous renvoie à une ébauche purement socio-anthropologique. Nous nous limitons uniquement à leur évocation.

Par ces pratiques socio –culturelles, la population locale d'Ain El Hûts s'inspire et elle continue à croire à ces miracles, ceux des Awliya Essalihine (pluriel de wali Saleh, saints personnages). Ces saints sont assimilés aux Amis de Dieu.

L'ensemble de leurs pratiques, qu'elles soient sociales, culturelles ou cultuelles, se regroupe dans la catégorie des pratiques religieuses et mystiques qui se confondent avec la croyance au maraboutisme. Elles sont générales au niveau du Maghreb (Stora, 1999, pp.122-124) »

Lors de notre travail de collecte, « nous avions relevé des confusions et une intégration de plusieurs croyances, pratiques et coutumes qui remontent à l'époque de la Djahiliya. Nous avons aussi relevé que l'Homme saint, une femme ou un homme, est une personne qui, selon la tradition orale, pourrait être extraordinaire ou elle détient des pouvoirs sur naturels comme le signifie l'ensemble des miracles de Sidi Abdellah Ben Mançûr, recueillies par Ibn Meriem. Pour l'un ou pour l'autre, l'Homme est en possession de quelques forces dites surnaturelles (Id). »

Pour simple rappel, « dans l'esprit de la population locale, la croyance au maraboutisme prime et constitue un marqueur d'attachement au culte des saints, tout en s'appuyant sur le faire- valoir du saint personnage qui, femme ou homme, a la bénédiction de Dieu, communément appelée « baraka ». Et cette baraka qui avait, selon nos informateurs, permit au saint d'être auteur de plusieurs miracles (Id). D'ailleurs, nous avons relevé les miracles de Sidi Mohamed Benali[7] et Bensahnoun, Moulay Ain El Hûts[8]. »

Il est à noter que « dans les traditions locales, nous avons relevé quelques pratiques qui, associées au culte des saints, portent sur les offrandes, dans leur diversité et leurs fondements. Nous avons également observé l'organisation de la waada où le couscous était servi. Il y avait la waada pour les grands événements et la sadaqa pour les rituels, instaurés par les chefs de famille, dans le cadre d'une offrande au wali. Ain El Hûts est une localité maraboutique. »

Alors, « dans le cadre des résultats de ces observations relevées dans la région de Tlemcen, Edmond Doutté (Doutté, op.cit.pp.3-25) en parle, dans son livre, sur Ain El Hûts et l'animation confrérique, en l'honneur de Sidi Abdellah Ben Mansour et Sidi Mohamed Benali. Sossie Adozian rappelle le « mysticisme extatique dans le religieux algérien contemporain » (Adozian,1994,pp.323-338, 2002, pp.10-205) et rappelle la zaouïa de Sidi Abdellah Benmansour. Elle est auteur d'un ouvrage relatif à l'expérience des adeptes des saints (Id) de la région de Tlemcen dont Ain El Hûts. »

[7] Travail inédit.
[8] Id.

Le saint et vertueux personnage, Sidi Abdellah Benmansour , est auteur de plusieurs miracles, inouïs et féerique ; il était connu pour des louables, valeurs remarquables et qualités morales ; ses vœux étaient exaucé dans ses prières, comme pour tous les saints dont l'hagiographie rapporte et les miracles recueillis par Ibn Meriem. Il fut le contemporain d'un saint éponyme, Sidi Ahmed Ben Lahcen El Ghomary.

« Voici en quels termes celui-ci recommandait Sidi Abdellah à certains de ses disciples : »Sidi Abdellah ben Mansour, leur disait-il, est comme l'eau d'un canal d'irrigation ; or, cette eau se trouble promptement ; prenez- y donc garde ! »

Par ses miracles, « on cite le fait suivant rapporté par un de ses voisins, qui habitait avec lui dans la rue d'Andalousie : « je traversais le Sahara, dit –il, pour me rendre au Soudan. Arrivé à Ksar Tagourarin, je me trouvai point d'orge à acheter pour la nourriture de mes chevaux.

« Donne-moi ton cheval et ton chameau, me dit un des habitants de la maison où j'étais descendu ; j'irai avec ces animaux au Chott Septentrional pour y acheter de l'orge.

« Je lui remis donc mon cheval et mon chameau et il partit. La moitié de la nuit s'était déjà écoulée et je dormais profondément quand j'entendis frapper à ma porte. Je me levai, je sortis et je vis mon commissionnaire monté Sur le cheval.

« Voici le cheval ! s'écria –t- il- où est mon chameau ? lui demandai-je ?- il s'est enfoui, me répondit-il-Il n'y a de force et de puissance qu'avec l'aide de Dieu l'Auguste, le Majestueux ! Hélas ! le chameau s'est enfoui, m'exclamais– je ; puis j'ajoutai :O Sidi Abdellah Ben Mansour, tu m'as trompé ; car après Dieu, j'avais mis en toi toute ma confiance. Je te citerai le jour de la résurrection générale devant le tribunal de Dieu. « Après cela, je dormis jusqu'au matin. Je dormais encore quand soudain j'entendis quelqu'un qui criait après moi : « Réjouis- toi de cette bonne nouvelle : ton chameau est revenu ! – Qui donc l'a ramené ? lui demandai – je --Grâces soient rendues à Dieu ! me répondit –il ;je l'ai trouvé agenouillé devant la porte de la maison, il est revenu d'une distance de deux ou trois jours de marche. »

Dieu nous fasse profiter des mérites du cheikh ! »

Autre miracle- « une personne digne de foi m'a raconté ce qui suit : »je me trouvai enfermé, dit-elle, dans une prison de Fez. « O sidi Abdellah ben Mansour, m'écriai-je, je me mets sous ta protection ! » Pendant la nuit qui suivit, je vis en songe un homme qui se présenta à moi et me dit : »sors !- qui donc es-tu ? Lui demandai-je – je suis Abdellah Ben Mansour, me répondit-il. « En effet, le lendemain matin, j'entendis qu'on m'appelait et qu'on criait : Hé un tel ! Sors ! Tu n'as rien à craindre ! »

Autre miracle-« le fait suivant m'a été rapporté par sidi Abderahmane El Qacir qui le tenait de la bouche de son professeur Sidi M'hammed Ben Mouça EL Ouedjdijeny, mufti de Tlemcen :

« Le sultan de Tunis, dit –il, s'était mis en route avec son armée pour venir s'emparer de Tlemcen. Prévenu de ce qui se passait, le sultan de Tlemcen mit ses troupes en campagne. Une première rencontre eut lieu près de Djebel ez Zaq, et le goum tlemcénien fut défait.

Il se livra un second combat, puis un troisième : même insuccès. Puis le Sultan de Tunis continua sa marche et arriva jusqu'au sous les murs de Tlemcen. Alors, il tint conseil avec ses ministres et leur dit :

« Par où entrerai-je dans la ville ? – Par où il vous plaira, répondirent-ils. Il ajouta : Combien la ville a- t- elle de portes ? Ils les lui énumèrent. Puis, il demanda : Quel est le saint qui protège Bab El Djiad ?- C'est, répondirent –ils, Sidi Abou Médien –Et Bab El Aqba ?- Sidi Ahmed Daoudy. – Et Bab ez Zaouia ?- Sidi El Halouy. –Et Bab El Quarmadine, qui la protège ? – Aucun saint.- Eh bien donc, leur dit-il, c'est par cette porte que je ferai mon entrée dans la place. »

« Or, Adjouz- tel était le nom du serviteur de Sidi Abdallah Ben Mansour- dit à son maître : » cette porte (Bab el Qarmadin) est sous votre sauvegarde, car, de toutes les portes de la ville, il n'y a que la vôtre par laquelle le sultan puisse entrer. – Tu as raison, répondit le Cheikh ; et ; il revêtit son burnous par-dessus sa chemise, et prit un bâton qu'il cacha sous son burnous ; puis il se dirigea du côté de l'armée qui était campée près de Bab El Qarmadin.

Les soldats étaient occupés les uns à laver leur linge, les autres à se promener. Il demanda où se trouvait le pavillon du sultan. On le lui indiqua et on courut aussitôt consulter le souverain pour savoir s'il fallait laisser entrer le cheikh. »

Introduisez-le, dit le prince. « Alors le cheikh entra et apostropha le sultan en ces termes : « tu es un tyran ; ce serai pêcher que de te saluer. Que réclames-tu à ce peuple pour que tu viennes ravager ainsi une terre d'Islam ? Le sultan lui répondit : Vous autres, fakirs, vous vous mêlez des choses qui ne vous regardent pas. –Et toi, reprit le cheikh, crois-tu donc qu'il n'y a que toi d'homme au monde ?

« Et, ce disant, il se mit à le frapper avec son bâton, redoublant ses coups, jusqu'à ce qu'enfin le prince lui criât : Je fais pénitence ! je fais pénitence ! « Alors, le cheikh abaissa son bâton et se mit à dire, en allant et venant dans le pavillon : « Dieu revient à celui qui revient à Lui.

Or, pendant que ceci se passait et que le cheikh frappait le sultan, il régnait, de par la volonté de Dieu, une profonde obscurité qui avait enveloppé tout le camp ; un vent violent s'était mis à souffler, le ciel s'était couvert d'épais nuages et l'air s'était obscurci au point que les soldats ne se voyaient pas les uns les autres ; les tentes s'étaient renversées, les chevaux et les mulets avaient rompu leurs liens et s'étaient enfuis. Mais aussitôt que le sultan eut crié :je reviens à Dieu ! Les ténèbres se dissipèrent, le vent se calma, les nuages disparurent et le soleil reparut radieux comme auparavent.

Puis le cheikh dit au sultan : « Tu vas lever ton camps. –mais Sidi, reprit le prince, qu'au moins le sultan de Tlemcen me rembourse les frais de la guerre !- Par Dieu !répliqua le cheikh, il ne te donnera pas un dirhem ; tu aurais raison si ce pays était habité par des infidèles, car alors tu aurais droit à être indemnisé des dépenses que tu as faites pour lever ton armée ; mais par Dieu ! Décampe au plus vite, tu ne gagnerais rien à rester ici plus longtemps. » Sur cette menace, le sultan fit plier les tentes et alla coucher Sur les bords de l'Isser. »

Autre miracle « opéré par le cheikh. – une personne digne de foi » a rapporté le fait suivant : « le sultan de Tlemcen, dit-elle, avait demandé aux notables de la ville de lui prêter l'argent et les avait frappés d'une forte contribution. Consternés, les gens allèrent chez le cheikh Sidi Abdellah Ben Mansour pour se plaindre du malheur qui leur arrivait.

Le cheikh monta Sur son âne et partit d'Ain El Hout. Arrivé à Tlemcen, il se rendit à la grande mosquée où il trouva une multitude de gens se livrant au plus grand désespoir à cause du malheureux sort qui les frappait. De là, il se transporta chez le sultan, au Méchouar, et le pria de revenir Sur la décision qu'il avait prise ; mais le prince resta inflexible.

Et ne voulut rien entendre. Alors le cheikh lui dit : « comment ! Tu as gaspillé les fonds du trésor public des musulmans et tu as l'audace de leur demander qu'ils te prêtent de l'argent ! Que Dieu ne te donne que des coliques ! « Puis, il remonta Sur son âne et partit. A peine était –il sorti que le sultan fut en proie à des vives douleurs et se mit à crier : Aïe ! Mon ventre ! Aïe mon dos ! »

Les ministres se mirent aussitôt à la poursuite du cheikh, le rejoignirent à la porte de la ville, appelée Bab Zaouiet Sidi El halouy, et le ramenèrent chez le sultan. De retour au palais, le cheikh passa la main Sur le ventre du sultan, et le mal disparut comme par enchantement.

Autre miracle.-« Le cheikh se trouvait dans la retraite qu'il s'était choisi dans la caverne de Bent Ameur. Son fils Mohammed, qui était alors tout petit, entra un jour chez lui et trouva un monceau d'or dans un coin de la caverne. Il releva aussitôt les pans de son vêtement, en remplit le creux avec de l'or qu'il puisa au tas, et courut trouver le cheikh pour lui montrer sa trouvaille. « Emporte cet or » lui dit le cheikh ; puis il acheta avec cette fortune le jardin appelé Taghzout. Qu'il immobilisa en faveur de ses enfants. »

Autre miracle- « Un jour, le cheikh partit d'Ain El Hout pour se rendre à Tlemcen, accompagné de son serviteur Adjouz. Arrivés à la porte de Qarmadine, ils aperçurent un homme solidement garrotté et ayant la corde au cou. Le bourreau était là qui allait l'égorger. Tout à côté, le père, la mère et les enfants de la victime pleuraient.

Le sultan Abou Abdellah Et Tabithy qui avait ordonné qu'on égorgeât le condamné et qu'on accrochât son cadavre à la porte de Qarmadin. A cette vue, le serviteur dit à son maître :

« Cet homme est sous votre protection ! « Alors, le cheikh interpelle le bourreau, ses aides et les officiers de la Cour, qui, pris de peur, viennent au-devant de lui et lui baisent les mains et les pieds. Puis, il dépêche son serviteur Adjouz auprès du sultan pour implorer la grâce du prisonnier condamné à mort.

Adjouz ayant été introduit dans le palais, les officiers et les ministres disent au prince :

« Sire, voici le serviteur du cheikh Abdallah Ben Mansour qui vient intercéder en faveur de l'homme dont vous avez ordonné le supplice. « Mais le sultan entré dans une grande colère : « Qu'on pende le serviteur Adjouz et le condamné !s'écrie-t-il. Sur les instances du vizir, le sultan finit cependant par se calmer et fit grâce à Adjouz et à son protégé.

Puis, le serviteur, étant retourné chez son maître, lui raconta ce qui s'est passé. « Bien, dit le cheikh,, tu seras vengé, car le sultan ne tardera pas à se trouver dans une situation telle, qu'il faudra que ce soit toi qui intercèdes pour lui comme le vizir a intercédé pour toi..

« En effet, dans la nuit qui suivit cette journée, alors que le sultan était endormi, un serpent énorme s'enroula autour de son cou et lui colla sa gueule Sur sa bouche.. Le prince, saisi d'épouvante, appelle au secours. Vite on ouvre devant lui les portes du Méchouar, puis celle de Qarmadin et le sultan Abou Abdellah se dirigea vers Ain El Hout.

Arrivé à la demeure du serviteur du cheikh, le sultan appelle, mais Adjouz ne paraît qu'après un long moment pendant lequel le serpent ne cesse de vtorturer sa victime. Enfin, le serviteur entre chez son maître, mais celui-ci dort si profondément qu'il est impossible de le réveiller.

Alors le sultan demande le nom de la femme du cheikh. « Elle s'appelle Mariem », répond Adjouz. « Lalla Mariem, s'écrie le sultan, de grâce, éveillez le cheikh, grattez lui la plante des pieds pour le tirer du sommeil ! »La femme obéissante se rend aux prières du sultan qui entre chez le cheikh dans une attitude humble et suppliante, et lui demanda pardon.

« Allons, Merzoug, dit alors le saint homme, s'adressant au serpent, allons, viens ! »Le serpent se rendit aussitôt à cet appel et se glissa entre la chemise et la blouse du cheikh. Puis, nle sultan fit plusieurs fondations en faveur du marabout. »

Autre miracle- « Le cheikh alla un vendredi faire la prière solennelle à Hennaya. Pendant qu'il était assis dans la mosquée, il vit le sultan Abou Abdallah (Et thabity) qui, étant sorti à pied pour faire une partie de chasse, se dirigeait vers la mosquée d'Hennaya afin d'assister à la prière du vendredi. Le prince fit son entrée dans le temple en marchant Sur des tapis que ses compagnons étendaient devant lui.

Là, il trouve le cheikh qui lui dit : « faut-il que tu sois orgueilleux, pour oser marcher Sur des tapies !- je me repens, lui répondit le sultan- Dieu revient à celui qui revient à lui, répliqua le cheikh.

Il faut dire que le sultan n'avait pas fait ses ablutions, car, en entrant dans la mosquée, il avait trouvé le puits à sec : l'eau qu'il contenait s'était infiltrée dans la terre. Mais dès qu'il se fut repenti, le cheikh lui dit : »Va faire tes ablutions ». Arrivé au puits, le sultan vit alors l'eau déborder par-dessus la margelle, et fit aussitôt ses ablutions. »

APPROCHE HISTORIQUE ET MEMORIELLE

Le traducteur du conte « Le Génie de l'Aïdour » :

Henri De Saurrauton

Né en février 1854 à Besançon, Henri De Sarrauton est issu d'une famille dont le père était militaire de carrière. Il est le fils de Charles Auguste de Sarrauton (11 septembre 1803 à Chouday – décédé le 3 aout 1854 à Gallipoli , pendant la guerre de Crimée) , fils de Fréderic Sarrauton (1784- 1807) et de Bathilde , dite Miss , Lewrling (née 1784- décédée 1837).

Le père, « Charles est né au château de Chouday, aux environs d'Issoudun, une jolie propriété alors en bien triste état où habitent ses parents, ses oncles et tantes, sous la houlette de sa grand-mère maternelle et de son mari.

La ruine complète de la famille oblige son père à trouver un emploi. Il s'engage dans l'armée, 1er Régiment de Cuirassier et installe sa famille à Paris ou plus exactement à Monceau. C'est donc là que le jeune Charles grandit en compagnie de sa sœur aînée Céleste, et du petit-frère, Louis, né en 1806, après leur arrivée dans la capitale. » ([9])

Pour le grand –père, Frédéric Sarrauton, il décéda à l'âge de cinquante et un ans ([10]). Celui-ci « trouve la mort à Torn, en Allemagne en 1807. Leur mère bénéficie d'une petite rente comme veuve qui s'ajoute à une rente viagère qu'elle possède par héritage. Comme son mari avait reçu la Légion d'honneur, elle peut faire admettre ses fils dans des collèges impériaux où les deux garçons reçoivent une bonne instruction.

Ce sont des élèves doués, et leur mère espère les voir se tourner vers une bonne et paisible carrière administrative ou professorale. Mais, à son grand chagrin, l'un après l'autre, les deux adolescents, suivant les traces de leur père, répondent à l'appel des armes. » ([11])

---

[9] Ces informations sont tirées de sources manuscrites :

- Auguste Sarrauton : 'Souvenirs d'une vie obscure' (manuscrit)
- AD de l'Indres 3 E 052 Chouday,

Jean Siben 'Notes et souvenirs' (manuscrit)

[10] « Charles est à Gallipoli en juillet. Mais il succombe au choléra en août 1854. Il n'a donc jamais vu cet enfant si désiré mais si tard venu. »

[11] Ces informations sont tirées de sources manuscrites :

- Auguste Sarrauton : 'Souvenirs d'une vie obscure' (manuscrit)
- AD de l'Indres 3 E 052 Chouday,

Jean Siben 'Notes et souvenirs' (manuscrit)

Mais, « Charles a pourtant trouvé une bonne place chez un avoué parisien. Il abandonne cet emploi et s'engage à l'âge de 17 ans. Les débuts sont difficiles. Le jeune homme, intelligent et indépendant, a beaucoup de difficultés à se plier à la discipline militaire. La carrière d'officier sous l'Empire de son père vaut-elle au jeune soldat des piques qu'il ne peut supporter ? C'est peut-être pour mater cette forte tête que Charles se retrouve envoyé dans les Antilles avec un bataillon disciplinaire.

Durant son séjour en Guadeloupe, il est atteint par la "*fièvre jaune*", mais sa robuste constitution lui permet de n'en garder aucune séquelle. Charles finit par gagner l'estime de ses chefs et monte en grade. » ([12])

Puis, « Charles de Sarrauton se marie tardivement, comme beaucoup de militaires. Il (avait) dans les 39 ans. Son épouse le suit probablement dans ses différentes affectations. Les enfants tardent à venir. Il y a 12 ans qu'ils sont mariés quand enfin sa femme annonce à Charles qu'il sera bientôt père !

Mais un militaire n'est pas libre de son temps et de sa personne. En février 1854, il est appelé à quitter Angers, pour remplacer le maréchal de Saint Arnauld à la tête du 2e régiment le la Légion Etrangère, où il espère être bientôt nommé colonel. En effet, il en a la prestance, les moyens, le caractère et l'instruction. Il n'a pas encore 50 ans et jouit d'une excellente santé et d'un physique remarquable. Il a de plus participé à plusieurs campagnes et a reçu la Légion d'honneur.

Probablement aimerait-il rester auprès de son épouse pour le grand évènement, mais il doit suivre les ordres. Il s'embarque donc avec ses hommes pour l'Afrique, laissant sa femme à Besançon. C'est son oncle, Auguste Sarrauton, qui tient, à sa place, son fils Henri sur les fonds baptismaux quelques semaines plus tard. » ([13])

[12] Id.

[13] Ibid. Ces informations sont tirées de sources manuscrites :

- Auguste Sarrauton : 'Souvenirs d'une vie obscure' (manuscrit)
- AD de l'Indres 3 E 052 Chouday,
- Jean Siben 'Notes et souvenirs' (manuscrit)

Henri De Sarrauton serait le petit fils d'Auguste et non son neveu comme le prétendent certains ([14]). Il serait marié après 1875.

Nombreux étaient les individus, venus des pays de l'Europe dont l'hexagone, pensaient que l'Algérie était un pays sans peuple : « Algérie sans Algériens ». Ils rêvaient que l'Algérie était à eux : c'était un rêve ou une croyance non fondée pour éviter l'usage du vocable utopie.

Fin lettré et très poétique , Henri de Sarrauton avait, intentionnellement, résumé les idées de cette catégorie d'individus rêveurs ou idéologues à leur manière en disant :

« Nous sommes en 1891, en Algérie. »

[14] Nicole Morère-Lanfranchi, une arrière-petite-fille d'Henri signale une ambiguïté : « Ce Henri n'est pas le neveu mais le petit-fils d'Auguste et Ferdinand Bonnin Sarrauton et le fils d'Estelle Adopté par ses tantes Juliette et Amélie, c'est lui qui fait souche en Algérie sous le nom de Henri Bonnin de Sarrauton » (*Extraits de l'**histoire** du 2e régiment étranger)*

Les œuvres d'Henri de Sarrauton

En plus de la chronique ([15]) qui, le signalant, date du 16 septembre 1916, il est conférencier puisqu'il aurait animé et fait plusieurs interventions. Ses œuvres publiées sont :

1- « La Question algérienne » [Texte imprimé],
Oran : impr. de P. Perrier, 1891

2- « Notice sur l'application du système décimal a la mesure du temps et des angles »
Oran : s.n. , 1895

3- « L'heure décimale et la division de la circonférence » ,
Oran, 1896

4- « L'heure décimale et la division de la circonférence » [Texte imprimé],
Oran : Imprimerie Fouque & cie , 1896

5- « L'heure décimale et la division de la circonférence » [Texte imprimé] / Henri de Sarrauton ; Note de Adolphe Carnot
Paris : E. Bernard et Cie , 1897

6- « Le génie de l'Aïdour » [Texte imprimé] : conte arabe trouvé à Tlemcen / [Henri de Sarrauton] ; Illustrations de Georges Scoti
Paris : L'Illustration, 1905

7- « Le Génie de l'Aïdour (conte arabe trouvé à Tlemcen) [Texte imprimé] / Henri de Sarrauton
Paris : l'Illustration , 1910 (réédition)

8- « Philosophie scientifique » [Texte imprimé] / Henri de Sarrauton /
Paris : Albin Michel , 1914

9- « La Vie » / Henri de Sarrauton
Alger : Impr. algérienne, 1921

[15] Cf. annexe n° 01

Le portrait colonialiste de l’Arabe

Ce portrait est dressé par un Français, docteur en médecine. Défauts et qualités par celui qui s'intitule modestement « un simple colon algérien »

"Buveurs de soleil."

« L'Arabe est paresseux. » ([16])

« C'est un honneur pour lui de ne pas faire œuvre de ses dix doigts. Quiconque peut, au prix même d'une existence misérable, faire travailler ses champs et garder ses troupeaux, se garde bien de travailler lui-même. On demandait devant moi à l'un d'eux, passablement déguenillé, quelle était sa profession ; buveur de soleil répondit-il."

Je ne comprends pas ; on m'expliqua que sa réponse qu'il avait faite en se redressant fièrement, voulait dire qu'il passait son temps couché au soleil en hiver, à l'ombre en été. Si on passe à côté d'un groupe de cases, on voit une troupe de forts gaillards, parfaitement désœuvrés, les trois quarts de l'année. »

« L'Arabe est faux et menteur.

« Il est tellement menteur que l'action en justice en devient difficile en Algérie. On trouve des témoins pour ou contre tout ce qu'on veut, il s'agit de les payer. La vérité leur importe si peu que la moindre passion ou le moindre intérêt les font parler contre elle. »

« L'Arabe est grossièrement sensuel.

« Fermentant dans l'oisiveté, non épurées par une culture quelconque de l'individu, ses passions ont des manifestations grossières. La satisfaction du sens génital, avec toutes ses aberrations tient la place principale de son existence. »

« L'Arabe est voleur et cruel.

« On voit encore des groupes se former pour la maraude, et le sang couler dans l'attaque ou la défense. Chacun doit être sur ses gardes, spécialement au point de vue de l'enlèvement des troupeaux. Le vol ne déshonore que peu ou pas chez eux. "

---

[16] Mira B.G. L'arabe est paresseux...» L'étonnant récit d'un Français en 1891
Source : Portrait extrait des archives de l'Algérie en France, publiées par les éditions Michèle Trinckvel, 1995

"Pour la cruauté, voyez comme ils s'inquiètent peu des souffrances et des privations de leurs animaux domestiques. Un cheval de luxe, dont la possession les rend fiers, sera l'objet de soins attentifs ; tout le reste vivra comme il pourra."

"Ils sont durs les uns envers les autres. Les femmes sont plus des bêtes de somme que des compagnes. »

« Voilà les côtés pour lesquels les Arabes algériens sont au –dessous de la moyenne des peuples européens. Il faut convenir que le tableau n'est pas beau, et qu'il y aura beaucoup à faire pour qu'ils puissent, même en second plan, entrer de façon un peu convenable dans le courant de la civilisation. »

« Voici leurs qualités."

« Ils sont courageux sous les armes ; tout le monde en convient. Si c'est souvent pour voler ou se venger qu'ils exposent leur vie, ils savent la sacrifier pour une cause qu'ils croient noble, ou simplement par obéissance à la discipline. Nous les avons vus dans nos armées pousser jusqu'à la folie, le mépris de la mort.

"Ils aiment et soignent de leur mieux leurs enfants, surtout les garçons ; car pour les filles, elles participent un peu, dès l'enfance, du mépris qui s'attache à la femme chez les indigènes."

"Ils sont sobres."

"Sans doute leur pauvreté générale les y force ordinairement, mais ceux qui sont dans l'aisance sont modérés à table. Le vin et les liqueurs fortes ne sont pas en usage chez eux."

"L'Arabe sait à l'occasion remplir un devoir, poussé uniquement par sa conscience. Ainsi, il donnera l'hospitalité, sans y être forcé par le regard de ses voisins. Il sait qu'il est bien de partager le peu qu'il a avec un malheureux, et il le fera, je ne dis pas toujours, il le fera quelquefois avec désintéressement."

"En un mot, il y a chez les Arabes quelques bonnes choses, au milieu de beaucoup de scories. On voit les braves gens chez eux, moins qu'en France, en moyenne, beaucoup moins certainement, mais on en voit » ([17])

« Paris 1891. »

---

17 («L'arabe est paresseux...» L'étonnant récit d'un Français en 1891 in http://www.babzman.com/larabe-est-paresseux-letonnant-recit-dun-francais-en-1891

Par ailleurs d'autres parlent de l'attribution des noms patronymiques d'une manière méprisante, bien que la loi de 1882 soit stricte pour l'instauration de l'Etat civil en Algérie. Devant ce fait colonial, il est rapporté par un article intitulé « **Les noms patronymiques Algériens, pendant la colonisation française** » ([18])

« Une loi fut votée en France le 26 juillet 1873 fixant le cadre la propriété individuelle et comprenant un premier recensement de la population algérienne. Le docteur Ouerdia Yermèche nous apprend dans ses travaux sur la fixation des noms algériens, que cette loi ainsi que celle de 1854, ont préparé le terrain à la mise en place de la loi fondamentale du 23 mars 1882 qui «imposait l'adjonction d'un patronyme au prénom et surnom par lesquels était antérieurement connu chaque « indigène » déclaré propriétaire».

« De ce fait, l'article 15 de la loi du 23 mars 1882 donne «droit aux officiers d'état civil d'attribuer un nom patronymique à toute personne récalcitrante», de plus, «Si l'indigène, qui a le droit de choisir un nom, s'abstient, ou s'il persiste à indiquer un nom précédemment choisi par un ou plusieurs individus, son droit devient caduc et passe, non point à un autre membre de la famille, mais au commissaire de l'état civil.»

« La mise en application de ce texte permit aux officiers d'état civil de donner des noms fantaisistes, insultants et humiliants, et ce en toute impunité. En effet les noms attribués pouvaient être grotesques et injurieux en faisant par exemple référence à des animaux : chadi (singe), rass el kelb (tête de chien). Et pouvait parfois même être obscènes. Il convient de préciser que certains noms grossiers proviennent d'Algériens eux-mêmes, lesquels interrogés, répondaient par une insulte à l'officier chargé de l'enregistrement du nom patronymique : yemmak (ta mère)…

« En outre, les spécialistes expliquent que « cette violence symbolique s'est également caractérisée par l'attribution de noms différents aux membres d'une même descendance ».

« Par ailleurs, Mostefa Lacheraf, un historien et sociologue algérien précise que les officiers pouvaient attribuer des noms selon une classification par ordre alphabétique consistant à nommer les gens du même village par des noms

---

[18]http://www.babzman.com/les-noms-patronymiques-algeriens

patronymiques commençant tous par la même lettre alphabétique. D'autres familles, se sont vues affublées de noms différents au sein du même foyer, ou orthographiés différemment, et pour finir l'attribution pure et simple de noms français a contribué à falsifier et déstructurer définitivement le système anthroponymique traditionnel.

« Enfin Selon Me Fatima Zohra Benbraham, avocate et militante pour les droits de l'homme «les Algériens avaient bel et bien des noms de famille avant la colonisation » et que pour connaître son vrai patronyme, « il faut enquêter au niveau des archives d'Istanbul, capitale de l'Empire ottoman avant 1922, Etat auquel l'Algérie était rattachée administrativement entre 1516 et 1830.»

« Il faut compter une moyenne de 650 à 850 changements de noms de familles dans chaque wilaya au cours des 50 dernières années. Depuis la déclaration de l'indépendance algérienne, le 5 juillet 1962, des personnes se sont précipitées pour changer leur patronyme et recouvrir ainsi l'ultime personnalisation de leur identité. »

Mais parmi les Arabes, il y a l'Arabe du nom de l'Emir Khaled (1875 - 1936) qui avait osé écrire à de grandes personnalités politiques dont le président des U.S.A. Il s'agit de la **« Lettre de l'Émir Khaled ([19]) adressée à Woodrow Wilson, mai 1919 » :**

« Monsieur le président,

« Nous avons l'honneur de soumettre à votre haute appréciation et à votre esprit de justice un exposé succinct de la situation actuelle de l'Algérie, résultant du fait de son occupation par la France depuis 1830.

« Dans une lutte inégale, mais qui a été cependant tout à l'honneur de nos pères, les Algériens ont combattu pendant 17 ans, avec une énergie et une ténacité incomparables pour refouler l'agresseur et vivre indépendants. Le sort des armes ne leur fut malheureusement pas favorable.

« Depuis 89 ans que nous sommes sous la domination française, le paupérisme ne fait qu'augmenter chez nous, pendant que les vainqueurs s'enrichissent à nos dépens. La convention, signée le 5 juillet 1830 entre le général de Bourmont et le Dey d'Alger, nous garantissait le respect de nos lois, de nos coutumes et de

[19] « L'émir Khaled est le petit-fils de l'émir Abd-el-Qader. En 1919, il écrira une lettre au président des U.S.A., Woodrow Wilson, lui demandant d'intrevenir politiquement pour que les Algériens puissent faire entendre leur voixet choisir leur destinée. » idem.

notre religion. La loi de 1851 a consacré les droits de propriété et de jouissance existant au temps de la conquête.

« En débarquant à Alger, le 5 mai 1865, Napoléon III lançait un manifeste à la population musulmane : « lorsque, il y a 35 ans, disait-il, la France a mis les pieds sur le sol africain, elle n'est pas venue détruire la nationalité d'un peuple, mais au contraire, affranchir ce peuple d'une oppression séculaire, elle a remplacé la domination turque par un gouvernement plus doux, plus juste, plus éclairé… »

« Nous nous attendions à vivre en paix, côte à côte et en association avec les nouveaux occupants, nous basant sur ces déclarations officielles et solennelles. Par la suite, nous nous sommes aperçus, hélas, à nos détriments, que d'aussi belles promesses ne devaient subsister qu'en paroles.

« En effet, comme au temps des Romains, les Français refoulèrent progressivement les vaincus en s'appropriant les plaines fertiles et les plus riches contrées. Jusqu'à nos jours, on continue de créer de nouveaux centres de colonisation, en enlevant aux indigènes les bonnes terres qui leur restent, sous le prétexte intitulé :

« Expropriation pour cause d'utilité publique ». Les biens Habous, qui se chiffraient par des centaines de millions de francs et qui servaient à l'entretien des monuments religieux et à venir en aide aux pauvres, ont été pris et répartis entre les Européens, chose extrêmement grave étant donné la destination précise et religieuse qu'avaient assigné à ces biens leurs donateurs.

« De nos jours, malgré la loi de séparation des églises et de l'Etat, le peu de biens Habous qui reste est géré par l'administration française sous le couvert d'une cultuelle dont les membres serviles ont été choisis par elle. Inutile d'ajouter qu'ils ne possèdent aucune autorité.

« Contrairement à notre religion, l'administration profite de toutes les occasions, surtout pendant cette guerre, pour organiser dans nos mosquées et nos lieux saints des manifestations politiques. En présence d'une foule composée surtout de fonctionnaires, on fait lire des discours préparés pour la circonstance par les chefs du culte et on pousse même le sacrilège jusqu'à faire participer la musique militaire à ces manifestations humiliantes pour l'esprit religieux du musulman. Voilà ce qu'on a fait des déclarations du général de Bourmont du 5 juillet 1830 et de la loi de 1851.

« Pendant 89 ans, l'indigène a été accablé sous le poids des impôts : impôts français et impôts arabes antérieurs à la conquête et maintenus par les nouveaux conquérants. En consultant la balance des recettes et des dépenses de l'Algérie, on voit aisément que, des indigènes surtaxés, la répartition du budget ne tient presque aucun compte de leurs besoins spéciaux. Plusieurs tribus sont sans route et la grande majorité de nos enfants sans école.

« Grâce à nos sacrifices, on a pu créer une Algérie française très prospère, où la culture de la vigne s'étend à perte de vue ; le pays est sillonné de chemins de fer et de routes entre les villages européens. Pas très loin d'Alger on trouve des tribus entières, dont les territoires très peuplés, pauvres et abrupts, sont sans voie de communication.

« Des agglomérations importantes sont dépourvues de tout. Comme au temps d'Abraham on y puise l'eau avec des peaux de boucs, dans des citernes ou des puits à ciel ouvert. C'est ainsi qu'en tout et pour tout, la part des plus nombreux est la plus faible et la charge des plus pauvres est la plus forte.

« Sous un régime dit républicain, la majeure partie de la population est régie par des lois spéciales qui feraient honte aux barbares eux-mêmes. Et ce qui est typique, c'est que certaines de ces lois qui instituent des tribunaux d'exception (tribunaux répressifs et cours criminelles) datent des 29 mars 1902 et 30 décembre 1902.

« On peut voir là un exemple de la marche régressive vers les libertés. Pour que nous ne soyons pas taxés d'exagération, nous joignons à cette requête deux brochures écrites par deux Français d'Algérie : MM. François Marneur, avocat à la cour d'appel d'Alger et Charles Michel, conseiller général et maire de Tébessa. Elles sont édifiantes sur l'odieuse injustice de ces lois.

« Un autre exemple démontrera la violation de la parole donnée ; le voici : Avant 1912, les troupes indigènes étaient recrutées par voie d'engagement volontaire moyennant quelques avantages offerts aux engagés. Ces avantages furent supprimés progressivement et on arriva, en 1912, à la conscription obligatoire, d'abord partielle (10% du contingent) ensuite totale et cela malgré les énergiques protestations des Indigènes. L'impôt du sang nous a été appliqué en violation des principes les plus élémentaires de la justice. Appauvris, asservis et avilis par le droit du plus fort, nous n'avions jamais pu croire cependant qu'une pareille charge, réservée aux seuls citoyens français, jouissant de tous les droits, viendrait un jour peser sur nos épaules.

« Des centaines de milliers des nôtres sont tombés aux différents champs de bataille, luttant malgré eux contre des peuples qui n'en voulaient ni à leur vie ni à leurs biens. Les veuves, les orphelins et les mutilés de cette guerre ont des traitements ou des subsides inférieurs même à ceux des néo-Français. Beaucoup de blessés, incapables de tout travail, viennent grossir les rangs des malheureux qui pullulent dans les villes et les campagnes. Il est bien facile à l'observateur impartial de constater la grande misère des Indigènes. A Alger même, des centaines d'enfants des deux sexes, déguenillés et rachitiques, traînent leur misère dans les rues en sollicitant la charité publique.

« En présence de ces faits navrants, le Gouvernement général de l'Algérie reste absolument indifférent. Sous le fallacieux prétexte de ne pas porter atteinte à la liberté, les mœurs se sont complètement relâchées et les boissons alcoolisées sont servies à profusion aux Indigènes dans les cafés.

« En vaincus résignés, nous avons supporté tous ces malheurs en espérant des jours meilleurs. La déclaration solennelle suivante : « aucun peuple ne peut être contraint de vivre sous une souveraineté qu'il répudie » faite par vous en mai 1917, dans votre message à la Russie, nous laisse espérer que ces jours sont enfin venus.

« Mais, sous la tutelle draconienne de l'administration algérienne, les Indigènes sont arrivés à un degré d'asservissement tel qu'ils sont devenus incapables de récriminer : la crainte d'une répression impitoyable ferme toutes les bouches.

« Malgré cela, nous venons, au nom de nos compatriotes, faire appel aux nobles sentiments de l'honorable Président de la Libre Amérique : nous demandons l'envoi de délégués choisis librement par nous pour décider de notre sort futur, sous l'égide de la Société Des Nations.

Vos 14 conditions de paix mondiale, monsieur le Président, acceptées par les Alliés et les puissances centrales, doivent servir de base à l'affranchissement de tous les petits peuples opprimés, sans distinction de race ni de religion.

« Vous représentez au nom du monde entier le digne porte-drapeau du droit et de la justice. Vous n'êtes entré dans cette guerre gigantesque que pour les étendre à tous les peuples. Nous avons une foi ardente en votre parole sacrée.

« Cette requête est faite pour éclairer votre religion et attirer votre bienveillante attention sur notre situation de parias.

Veuillez agréer, Monsieur le Président, l'assurance de notre haute considération. » ([20])

Il y a aussi les anonymes dont celui qui avait écrit le conte, intitulé « Le Genie de l'Aïdour » qu'Henri Sarrauton avait traduit ; alors que nombreux sont les personnes qui pensent que le conte soit parmi les oubliés, ou perdu par rapport au patrimoine culturel immatériel algérien en général et d'Oran en particulier.

Quant à Paul Souleyre, il rapporte dans un article intitulé « Abdallah ben Mansour prononça Bismillah et pénétra dans l'Aïdour » des propos qui font du conte populaire un patrimoine culturel oranais, avec ses marqueurs, sociologiques, anthropologiques et historiques, voire culturels. A cet effet, il écrit :

« Je m'étais mis en tête d'en savoir plus sur l'Aïdour préhistorique.

Et puis je suis tombé sur une légende.

A partir de là c'était fini, je ne pouvais plus m'intéresser aux grottes préhistoriques…

Je suis redevenu enfant depuis longtemps, les histoires me paraissent plus réelles que les ressources scientifiques.

« Elles touchent directement la profondeur, qui sinon, dormirait encore. J'ai beaucoup fait de sciences. Aujourd'hui, je rééquilibre.

« Le vieux conte du Génie de l'Aïdour.

Il y avait vraiment, entre Oran et Mers el-Kebir, un lieu magique qui rassemblait à la fois les Bains de la Reine, La Grotte de l'Aïdour et le village de Sainte-Clotilde

« Je ne vais pas piller Pillon pour le recopier ici -ça n'aurait pas grand sens- je vais me contenter d'inscrire dans son contexte la découverte du conte, début XIX° siècle.

« La grotte, à sa découverte en 1911, s'appelle d'abord Grotte de Ste Clotilde, appellation provenant de sa situation puisque l'entrée est à quelques mètres de la route conduisant au village du même nom. Le 30 janvier 1912, le conseil

---

[20] Source : *L'Algérie des Algériens*, M. Kaddache

municipal d'Oran adopte un vœu de la Société de Géographie et d'Archéologie de la Province d'Oran, et sollicite la remise de la grotte à la commune en lui donnant le nom de « Grotte de l'Aïdour ».

« C'est en souvenir d'un vieux conte arabe, « Le génie de l'Aïdour », trouvé à Tlemcen et traduit par Henri de Sarrauton, que la grotte doit son appellation nouvelle. Ce conte aurait été écrit vers 1805 ou 1810. Le manuscrit ne portant ni date ni nom d'auteur, a été trouvé pendant la campagne qu'a faite le général Lyautey, chez les Béni-Snassen.

« Un légionnaire découvrit dans les ruines d'un gourbi une petite caisse de bois peinte. Croyant y trouver un trésor, il la défonça : elle ne contenait que de vieux papiers couverts d'écriture arabe, quelques actes de cadi sans intérêt, et le manuscrit du Génie de l'Aïdour.

Puis, il ajoute :

« Alors à quoi ressemble ce conte ?

« Faisons simple, Internet n'aime pas les longueurs ni les gros paragraphes. Il est toujours plus compliqué de lire sur un écran que sur un livre.

« Je m'inspirerai de la traduction de *Henri de Sarrauton.*

§§§

« Le Bey Mohammed el-Kébir se promenait un soir en compagnie de son eunuque el-Barka sur les terrasses dominant les jardins du Bordj-el-Kébir, lorsqu'il aperçut depuis l'angle du bastion qui surplombe l'oued Raz-el-Aïn, un homme dans une caverne du ravin.

« Le Bey s'étant fait amener l'inconnu sut bientôt qu'il s'agissait d'un juif armé d'une pioche qui, à la lueur d'une lanterne, fouillait et déblayait le fond de la caverne.

« Suite aux menaces habituelles à l'époque, le malheureux finit par raconter que son père, qui vivait là du temps de la domination espagnole, l'avait rendu maître d'un secret que seuls les rois d'Espagne possèdent et que le gouverneur d'Oran avait en charge.

« Il existe, dans un souterrain qui passe sous le ravin Raz-el-Aïn, une statue enchantée représentant le prophète Aïssa encore enfant, porté dans les bras de sa mère Meriem. Si l'on prononce certaines paroles magiques, devant la statue, le Génie d'Oran doit livrer les trésors entassés dans les immenses cavernes de la Montagne de l'Aïdour. Les paroles sont inscrites en latin sur le piédestal.

« Ce récit avait vivement intéressé la noble assemblée et tout particulièrement le célèbre cavalier Abdallah ben Mansour. Celui-ci fit part au Bey de son désir de visiter les souterrains reliant entre eux les cinq forts d'Oran. Il ajouta en riant qu'il amènerait de gré ou de force le Génie de l'Aïdour à la Cour, et remettrait alors entre les mains de Son Altesse, les trésors entassés dans la retraite mystérieuse.

« Le lendemain, Abdallah ben Mansour, un fanal à la main, entra dans le souterrain par la porte du Bordj-el-Nadour, laissant des sentinelles à l'entrée afin que personne ne pût le suivre.

« S'enfonçant vers l'Ouest dans un long couloir, Abdallah se retrouva bientôt face à la statue de marbre blanc ; mais aucune inscription magique n'était gravée sur le piédestal. Il conserva son courage, et prononçant *Bismillah,* s'enfonça dans le souterrain. Après une longue marche, il se trouva dans une immense caverne baignée d'une lumière douce et bleue. Au fond, assis à la manière orientale, il aperçut le Génie de l'Aïdour, gigantesque.

« Saisi de crainte et de respect, Abdallah ben Mansour se prosterna devant le Génie, tandis que celui-ci glissait un anneau d'or au doigt de sa main gauche. Désormais, le cavalier possédait le pouvoir de se placer, par sa seule volonté, au rang et dans la situation qu'il lui plairait de choisir.

« Toutefois, fit remarquer le Génie, un seul souhait t'est permis. Aussitôt que tu l'auras formulé et que tu auras choisi la vie que tu veux vivre, l'anneau s'échappera de ta main, et tu ne devras plus compter que sur tes propres forces pour te soutenir et te diriger.

« Abdallah ne savait pas quelle vie choisir. Il fut aidé par le Génie qui l'endormit à cinq reprises. A peine endormi, des enchantements réveillaient Abdallah, pour lui présenter des tableaux de vie.

« Ou bien l'indépendance sauvage de l'enfant du désert,
Ou bien le pouvoir illimité du sultan,
Ou bien la vie molle et voluptueuse d'un riche habitant de Stamboul, de Bagdad ou de Damas,
Ou bien la vie studieuse du savant,
Ou, pour finir, la vie modeste et le bonheur serein de Yamina, fille d'un voisin

« Ici se termine le manuscrit arabe, écrit le traducteur ; la suite est égarée et chaque lecteur supposera la conclusion qu'il lui plaira de ce récit extraordinaire.

« Conte arabe écrit vers 1805 ou 1810 et inspiré de la traduction de Henri de Sarrauton. »

Présentation d'Henri Sarrauton

Avertissement du traducteur

Pendant la campagne qu'a faite le général Lyautey chez les Beni-Snassen, un soldat de la légion étrangère trouva, dans les ruines d'un gourbi ([21]) démoli par le canon, une petite caisse de bois peinte de diverses couleurs et fermée à clef. En pareille circonstance, on croit, généralement, avoir mis la main sur un trésor et, généralement aussi, on est déçu. C'est justement ce qui arriva au légionnaire qui, ayant défoncé la caisse d'un coup de crosse, n'y trouva pas la moindre espèce sonnante, mais seulement des papiers jaunis couverts d'écriture arabe.

Il fut sur le point de les jeter au vent ; cependant, comme le bagage était léger, il se ravisa et, enveloppant la paperasse dans un chiffon, il mit le tout dans son sac, avec l'espoir que quelque amateur de grimoire pourrait bien lui en donner quelque chose.

En revenant à Tlemcen, après la campagne, ce soldat montra les papiers à M. V... qui est négociant et fait un important commerce avec les tribus marocaines de la frontière.

Plutôt par libéralité que par curiosité, M. V... donna quelque menue monnaie au soldat et prit les manuscrits. Mais, non moins incapable que le légionnaire de lire l'écriture arabe, M. V... jeta ces manuscrits au fond d'un tiroir.

Il me les communiqua lors de mon dernier voyage à Tlemcen, et j'y trouvai quelques actes de cadi sans intérêt, mais aussi une liasse de papiers très vieux et lacérés que je me mis aussitôt à déchiffrer avec passion, car les premières lignes m'apprirent que j'avais sous les yeux une œuvre de littérature remarquable et tout à fait inconnue.

Mes lecteurs savent, sans doute, qu'en arabe l'écriture est loin de présenter la même clarté que dans nos langues européennes. Dans cette langue, et généralement dans les langues sémitiques, on n'écrit ordinairement que les consonnes ; les voyelles restent sous-entendues. Le lecteur est donc obligé de suppléer par la pensée des signes phonétiques que le texte n'exprime pas, et se trouve enfermé dans cette espèce de cercle vicieux : lire pour comprendre, comprendre pour lire.

Ceci peut donner une idée du pénible travail que nécessite la seule lecture d'un texte arabe lorsque l'écriture est mauvaise et que le temps a effacé certains mots. Il ne me fallut pas moins de deux semaines d'un travail assidu pour établir une copie du manuscrit.

---

[21] Un gourbi est une construction basse et sans fenêtres, couverte en branchages et en chaume

Après avoir transcrit toutes les pages, j'eus le chagrin de constater que le manuscrit est incomplet. Les pages de la fin, en nombre inconnu, ont été perdues, de sorte que le conte ne se termine pas. Cette regrettable circonstance m'a fait hésiter quelque temps à publier ma traduction, car nécessairement un roman dont le dénouement est retranché perd beaucoup de son intérêt. Cependant il m'a semblé que, ne fût-ce qu'à titre de curiosité, l'ouvrage, quoique incomplet, mérite d'être publié.

Le manuscrit ne porte ni date ni nom d'auteur. Peut-être ces indications se trouvaient-elles dans les pages finales qui manquent. On peut présumer que l'auteur écrivait dans les premières années du siècle dernier, vers 1805 ou 1810. Sans doute il habitait Oran, car c'est dans cette ville qu'il place son héros, et certaines descriptions prouvent qu'il la connaissait parfaitement.

Je ne veux pas clore cette introduction sans dire quelques mots de la traduction que je livre au public : je me suis appliqué à serrer le texte arabe d'aussi près que possible et j'en ai reproduit les tournures et les images toutes les fois que j'ai pu le faire sans violenter le génie de la langue française. J'ai poussé l'exactitude jusqu'à reproduire ces invocations dont les musulmans font toujours suivre le nom de Dieu : « Qu'il soit exalté, ou glorifié, etc. » Je me doute bien que ces formules paraîtront bizarres à bon nombre de mes lecteurs. Cependant il m'a semblé qu'en les supprimant j'aurais enlevé à la traduction quelque chose de la physionomie tout orientale, du caractère mystérieux et de la poésie grave que respire le texte arabe.

H. DE S.

LE GENIE DE L'AIDOUR

Le Génie de Haïdour
(Conte arabe trouvé à TIemcen)

Par
Henri de SARRAUTON
Illustrations de GEORGES SCOTl

الحمد لله و حده

عفريت الهيدور

LE GENIE DE L'AIDOUR

-I-

Il y avait, à la cour du bey Mohammed-el-Kebir, un guerrier renommé pour son adresse à dompter un cheval fougueux et à manier les armes. Il se nommait Abdallah ben Mansour. Il était de race noble ; arabe de sang aussi bien que de nom, et l'un de ses ancêtres fut compagnon du glorieux Okba qui mena jusqu'à l'Atlantique des guerriers sortis du Hedjaz.

Il se trouvait, un jour, parmi l'entourage du bey Mohammed, assis au rang distingué que méritaient sa naissance et sa valeur. On parlait des prodigieux travaux de fortification effectués à Oran par les Espagnols et de cette opinion répandue parmi le peuple de la ville que les souterrains immenses qui relient les forts, en passant sous des montagnes élevées et des ravins profonds, sont l'œuvre d'un génie habitant la montagne de l'Aïdour et dont les Espagnols avaient su se faire un auxiliaire au moyen de certains talismans.

« Je veux, mes amis, dit sa seigneurie le bey Mohammed, vous raconter une anecdote à ce sujet : c'était peu de temps après mon investiture. Une nuit que je ne pouvais dormir, je me levai et allai me promener, accompagné seulement de mon eunuque Elbarka, sur les terrasses qui dominent les jardins de Bordj-el-Kedim ([22]).

Je m'accoudai sur la balustrade et laissai ma pensée s'envoler vers les étoiles. Mais je fus bientôt distrait de ma rêverie par un bruit sourd qui se répétait à intervalles égaux et semblait produit par un outil s'abattant régulièrement sur le sol. Me laissant conduire par ce bruit, je suivis le parapet de la terrasse et j'arrivai ainsi à l'angle du bastion qui domine l'oued Ras-el Aïn ([23]). Je vis alors, au-dessous de moi et au fond d'une petite caverne creusée dans la berge du ravin, un homme qui s'agitait et se livrait à un travail dont je ne pouvais deviner le but, car il travaillait à la lumière d'une lanterne qui répandait une si faible lueur qu'à peine les objets immédiatement voisins devenaient perceptibles.

« Je ne pouvais aller à cet homme, puisque je me trouvais au sommet d'une muraille très élevée. J'appelai Elbarka et, à voix basse, je lui enjoignis d'aller prendre cinq ou six spahis à la caserne, de sortir par la poterne, de s'emparer du travailleur inconnu et de me l'amener. Quant à moi, je restai penché sur la muraille pour suivre les péripéties de cette petite expédition.

[22] Le château vieux. Bordj, château; Kedim, ancien.

[23] Oued, rivière, grand ravin. Ras, tête, origine; Ain, source.

« Elbarka exécuta mes ordres de point en point. Je vis mes soldats arriver sans bruit jusqu'à l'entrée de la caverne, puis se jeter brusquement sur l'homme. Ils le lièrent et me l'amenèrent.

C'était un juif. Il était armé d'une pioche et, à la lueur de sa lanterne, il fouillait et déblayait le fond de la caverne. Lorsque je lui demandai dans quel but il se livrait à ce travail, il refusa d'abord de répondre. Mais des menaces, qu'il savait n'être pas vaines, finirent par lui délier la langue.

« — Monseigneur, me dit-il, mon père a vécu du temps de la domination espagnole, et le hasard l'avait rendu maître d'un secret que possèdent les rois d'Espagne, et qui était confié au seul gouverneur d'Oran. Il existe, dans un souterrain qui passe sous le ravin Ras-el-Aïn, et précisément au-dessous du point où je creusais lorsque tes soldats m'ont arrêté, une statue enchantée représentant le prophète Aïssa, enfant, porté dans les bras de sa mère Meriem ([24]).

Il suffit de prononcer certaines paroles magiques devant la statue pour obtenir tout pouvoir sur le Génie d'Oran et l'obliger à livrer les trésors entassés dans les immenses cavernes qu'il habite sous la montagne de l'Aïclour. »

— Et quelles sont, dis-je, les paroles magiques qu'il faut prononcer pour obliger à l'obéissance ce puissant Génie ? »

— Je ne sais, répondit le juif, mais mon père m'a dit que ces paroles sont inscrites en langue latine sur le piédestal de la statue. »

— Et ainsi, répliquai-je, en approfondissant la grotte où je t'ai surpris, tu espérais atteindre le souterrain et te trouver en présence de la statue enchantée ? »

— Monseigneur, dit le juif, tes soldats occupent les forts et par conséquent l'entrée de tous les souterrains, et tu as interdit à qui que ce soit d'y pénétrer. Je n'avais donc d'autre moyen de parvenir jusqu'à la statue enchantée que de percer la voûte du souterrain où elle se trouve. Mon père, qui le connaissait et qui avait pris des mesures déterminant sa direction, m'a souvent affirmé qu'à cet endroit il passe à une faible profondeur au-dessous du sol. »

Vous comprenez, mes amis, poursuivit Son Altesse, que je ne donnai aucune créance à cette fable ridicule. Je pensai que le juif était fou, ou qu'il voulait me cacher ses véritables desseins, et je soupçonnai qu'il avait connaissance de quelque trésor caché par les Espagnols en cet endroit. Je le fis mettre à la torture;

---

[24] Aissa, Jésus ; Meriem, Marie. Jésus ,fils de Marie est considéré par les musulmans comme le plus grand Prophète après Mohammed.

mais on ne put en tirer autre chose, et il expira dans les tourments sans révéler le but réel de ses recherches. »

Ce récit avait vivement intéressé la noble assemblée, mais particulièrement Abdallah ben Mansour.

— Monseigneur, dit-il en s'adressant à Son Altesse, depuis longtemps j'ai le désir de visiter les souterrains qui relient entre eux les cinq forts qui défendent Oran, et ce que tu viens de nous raconter excite plus encore ma curiosité. Je te prie de me permettre de réaliser demain mon projet, et je te promets, ajouta-t-il en riant, si je rencontre le Génie de l'Aïdour, de te l'amener, de gré ou de force, et de remettre entre tes mains tous les trésors entassés dans sa retraite mystérieuse.

« — J'y consens, répondit le bey, et je donnerai des ordres en conséquence. Mais je te recommande la prudence, car on m'a rapporté que les souterrains, disloqués par les tremblements de terre, sont effondrés en certains points, et qu'il est dangereux de les parcourir. C'est pour cette raison que j'en ai interdit l'accès à mes soldats. »

-II-

Le lendemain, Abdallah ben Mansour, un fanal à la main, entra dans le souterrain par la porte du Bordj-el-Nadour, tandis que des sentinelles demeuraient à l'entrée afin que personne ne pût le suivre.

La porte franchie, il se trouva d'abord dans un couloir large de six à huit coudées, qui s'enfonçait en terre par une pente assez raide, et dont la direction était celle de l'ouest. Après qu'il eut fait une centaine de pas, la pente devint moins rapide ; bientôt même le sol du souterrain se trouva de niveau, et Abdallah comprit qu'il se trouvait sous le ravin Ras-el-Aïn. Il se rappela alors l'histoire racontée par le bey et comme il lui sembla qu'il devait être à une petite distance de la grotte du juif, l'idée lui vint de chercher la statue enchantée.

Cette recherche lui fit découvrir, entre deux rocs, l'entrée d'un étroit corridor qui s'ouvrait sur la droite du souterrain principal et fuyait, par conséquent, dans une direction qui devait être celle du nord. Il pénétra dans ce corridor ; mais il eut à peine fait quelques pas qu'il se trouva arrêté par un éboulement. La voûte était effondrée et les matériaux éboulés avaient, en partie, comblé le corridor, de sorte qu'il ne restait plus la place nécessaire au passage d'un homme.

Abdallah projeta la lueur de sa lanterne dans les interstices des pierres et crut remarquer que la galerie ne se prolongeait qu'à une petite distance au delà de l'éboulement. Mais, en regardant attentivement, il vit que le fond en était occupé par un objet blanc qui se détachait vaguement dans l'ombre épaisse, et grande fut son émotion lorsqu'il parvint à discerner que cet objet avait une forme humaine.

Le courageux Abdallah, au lieu de s'éloigner comme beaucoup d'autres l'eussent fait à sa place, se mit aussitôt à déblayer la galerie, à enlever les pierres qui l'obstruaient. Après un travail long et pénible, il réussit à faire une trouée qui pouvait lui livrer passage. Il franchit l'éboulement, et quel ne fut pas son étonnement de se trouver en face d'une statue en marbre blanc qui répondait absolument à la description donnée par le juif et que Son Altesse le bey avait rapportée la veille !

En voyant que les affirmations du juif se vérifiaient très exactement, la première pensée d'Abdallah fut de chercher sur le piédestal de la statue les paroles magiques qui devaient s'y trouver.

Il ne vit aucune inscription. Mais alors, soit en manière de plaisanterie, soit plutôt mû par une secrète curiosité, il se mit à prononcer toutes les invocations qui lui vinrent à l'esprit, de celles qu'il avait entendu réciter par les jongleurs dans les exercices d'adresse ou d'escamotage qu'ils font devant la foule, sur les places publiques.

Il en arriva même à articuler des syllabes quelconques ne présentant aucun sens. Tout à coup, comme il venait de prononcer deux mots assemblés au hasard, une détonation violente éclata, semblable à un coup de tonnerre, une forte secousse ébranla le sol, la statue disparut à ses yeux et à la place qu'elle occupait, il ne vit plus qu'un étroit couloir qui pénétrait dans l'intérieur de la montagne. Malgré son courage, le premier sentiment d'Abdallah fut très voisin de la terreur et il eut bonne envie de s'enfuir.

Cependant, vivement intrigué par les événements extraordinaires dont il venait d'être spectateur, il voulut jeter un coup d'œil dans le mystérieux corridor. Mais à peine y eut-il pénétré de quelques pas que la muraille se referma derrière lui et qu'il se trouva emprisonné dans les entrailles de la terre. De trois côtés il se heurtait au rocher. Devant lui seulement s'ouvrait une voûte sombre qui s'enfonçait dans des profondeurs inconnues.

Quand il eut constaté l'horreur de sa situation, Abdallah ne conserva que bien peu d'espoir de revoir la lumière du jour. Cependant son énergie ne l'abandonna pas. « Il n'y a, s'écria-t-il, de force et de puissance qu'en Dieu, et rien n'arrive que par sa volonté. » Après avoir récité cette formule chère à tout bon musulman, il se sentit plein de courage et, ayant encore prononcé les paroles : « Au nom de Dieu ! » ([25]), il s'enfonça dans le souterrain.

La galerie qu'il suivait n'allait pas en ligne droite comme celle où il s'était aventuré tout d'abord ; elle s'infléchissait en sinuosités si fréquentes que, bientôt, Abdallah perdit complètement le sens de la direction. Il marcha longtemps. Enfin, à un dernier détour de la galerie, il en distingua l'extrémité qui se projetait sur un espace lumineux. Quelques pas encore l'amenèrent dans une immense caverne toute remplie d'une lueur confuse. La lumière répandue dans cette vaste crypte était bien différente de celle du jour. Elle n'émanait d'aucun foyer, mais était partout d'égale intensité, de telle manière qu'il ne se formait d'ombres nulle part. Il semblait que la caverne fût remplie d'un fluide lumineux communiquant à tous les objets une lumière très douce et bleuâtre.

Après que ses yeux se furent habitués à cette lumière étrange, Abdallah promena ses regards autour de lui et aperçut, à l'autre extrémité de la caverne, assis à la manière orientale, sur un lit élevé, un Génie d'une taille gigantesque. Une multitude de génies, petits et légers, voletaient autour de lui et paraissaient être ses serviteurs, prêts à exécuter ses ordres.

---

[25] Bismillah. Un musulman ne commence jamais une action sans prononcer cette formule.

Quand il se trouva en présence de cet effrayant personnage, Abdallah ben Mansour fut saisi de crainte et de respect. Il s'avança vers le Génie, se prosterna devant son trône et lui adressa la parole d'une voix humble et suppliante :

« — Génie, lui dit-il, pardonne à un malheureux égaré dans ton empire.
Daigne être bienveillant pour ton serviteur, et, puisque sans doute tu as le pouvoir de me perdre ou de me sauver, rends-moi au milieu qui convient à ma nature, à la lumière brillante du Soleil, à l'air vif et mobile qui souffle à la surface de la terre.

Dans cette enceinte silencieuse, une atmosphère trop lourde pèse sur ma poitrine et il me semble que, déjà, je suis retranché du nombre des vivants. »

— Je savais, lui répondit le Génie, qu'un hasard t'avait ouvert l'entrée de cette mystérieuse demeure. Tu risquais d'y trouver une mort terrible, car tu ignores les talismans qui soumettent les puissances de la Terre à la volonté de l'homme et tu ne possèdes pas la science qui pénètre les secrets de la Nature. Mais parce que tu appartiens à une race qui a fait triompher, en ce pays, la loi révélée, j'ai reçu l'ordre de ne pas te nuire, mais au contraire de t'accorder un important privilège.

Prends cet anneau. Un talisman s'y trouve attaché qui te donne le pouvoir d'être toi-même l'arbitre de ton sort. Tandis que les destinées des autres hommes dépendent du hasard de la naissance ou du cours variable des événements, tu possèdes le pouvoir de te placer, par un seul acte de ta volonté, au rang et dans la situation qu'il te plaira de choisir. »

En même temps que le Génie prononçait ces paroles, une main invisible saisissait la main gauche d'Abdallah et glissait un anneau d'or à l'un de ses doigts.

« — Mais, poursuivit le Génie, fais attention qu'un seul souhait t'est permis.
Aussitôt que tu l'auras formulé et que tu auras choisi la vie que tu veux vivre, l'anneau s'échappera de ta main et tu ne devras plus compter que sur tes propres forces pour te soutenir et te diriger.

« — Puissant Génie, dit Abdallah, comment, en me conformant à la loi que tu m'imposes, puis-je faire un choix raisonnable? Sans doute il est, dans le monde, des destinées plus heureuses que la mienne, mais la réalité n'est pas toujours conforme aux apparences. Je n'ai pas l'expérience d'une existence autre que celle dont je me suis contenté jusqu'à ce jour. Si je m'en tiens à ma condition présente, le pouvoir que tu mets entre mes mains devient inutile. Si je veux en changer, je ne puis me déterminer que d'après des données incertaines, et je crains de me préparer des regrets.

Le Génie fit un signe et une multitude d'esprits légers se précipitèrent vers Abdallah. En même temps celui-ci sentit que la nuit descendait sur ses yeux. Un sommeil invincible s'empara de ses sens et il perdit la notion de ce qui l'entourait et la conscience de lui-même.

-III-

Lorsque la lumière et le sentiment lui furent rendus, sa situation avait complètement changé.

Il se trouvait au milieu d'une immense plaine brûlée d'un soleil ardent et qu'il parcourait au galop d'un cheval fougueux. Une troupe de cavaliers le suivait, montés sur des chevaux magnifiques et armés du long fusil et du sabre. Lui, leur chef, était revêtu du burnous écarlate, insigne de son autorité, et son visage s'illuminait du regard hardi que donne l'exercice du commandement. Un vent brûlant lui soufflait au visage et il lui semblait que ce vent, en desséchant ses muscles, leur donnait une vigueur surhumaine. Tandis que sa main gauche maintenait et guidait son cheval bondissant, sa droite portait une longue épée et, quelquefois, animé du génie de la guerre, il la levait au-dessus de sa tête et se tournait vers ses compagnons pour lire dans leurs yeux la même ardeur qui l'enflammait lui-même. Alors son âme se communiquait à eux. Ils répondaient par un dur ricanement et par une sourde exclamation au regard de leur chef, et les chevaux eux-mêmes, excités par le bruit des éperons résonnant sur les étriers ([26]), semblaient impatients de la lutte et de la victoire.

Tout à coup deux cavaliers apparurent à l'horizon de la vaste plaine. De toute la vitesse de leurs chevaux ils venaient au-devant du brillant escadron.

Ils annonçaient l'ennemi.

Alors Abdallah ordonna une conversion vers la droite et alla ranger son goum ([27]) derrière un gros bouquet de cactus, de figuiers et de palmiers, qui émergeait comme une île du sable brûlant du désert.

Bientôt on aperçut, à travers le feuillage, une troupe de cavaliers qui s'avançaient, inconscients du danger. Ils étaient plus nombreux que les siens, mais Abdallah espérait racheter cette infériorité par la vigueur de l'attaque et par la ruse qui allait lui permettre de surprendre ses adversaires.

En effet, ce fut seulement lorsque les nouveaux venus eurent dépassé le petit bois qu'ils aperçurent les cavaliers que ce bois dissimulait. A leur vue ils s'arrêtèrent étonnés, et au même instant Abdallah et ses cavaliers, dans un galop furieux, s'élançaient à leur rencontre.

Debout sur leurs étriers et dominant de haut les chevaux qui les emportaient, les assaillants déchargèrent d'abord leurs fusils dont les balles allèrent porter la mort

---

[26] L'éperon arabe, chabir, est une lige d'acier, d'environ douze centimètres de longueur, terminée par un petit crochet. Il tient à peine au pied et repose sur le large étrier arabe dans lequel le pied s'enfonce tout entier. De là le bruit métallique auquel l'auteur fait allusion.

[27] Goum, cavalerie dune tribu i de la racine Kam, se lever, se dresser.

et le trouble dans les rangs opposés, tandis que l'air s'obscurcissait de cette fumée de la poudre qui enivre plus que le vin. Puis, rejetant sur l'épaule le fusil désormais inutile, ils tirèrent le sabre et se trouvèrent aux prises avec les guerriers ennemis.

Ceux-ci, surpris et en désordre, ne purent supporter le choc. Leurs chevaux se cabraient et se renversaient sur leur cavalier. Un grand nombre d'entre eux périrent en quelques instants et les autres, voyant l'impossibilité de se rallier, tournèrent bride après une courte résistance et s'enfuirent au travers de la plaine, tandis que les vainqueurs bondissaient sur leurs traces.

Abdallah s'attachait à la poursuite du chef du goum ennemi que signalait son burnous rouge. Les deux chefs couraient à quelques longueurs de cheval l'un de l'autre et leurs coursiers également vigoureux maintenaient entre eux cette même distance.

« — Arrête, chien, fils de chien, criait Abdallah, as-tu peur du visage d'un homme?

« — Si tu n'étais suivi de tes cavaliers, répondit l'autre chef, déjà je me serais retourné et déjà tu ne serais plus qu'un cadavre.

« — Par Allah, je jure de te combattre seul, dit Abdallah. Aucun de mes hommes ne portera la main sur toi.

« — Cesse donc de me poursuivre, reprit le chef, et je m'arrêterai moi-même. »

Alors, d'un commun accord, ils arrêtèrent leurs chevaux et Abdallah fit signe à ses cavaliers de se tenir à distance, tandis que les fuyards, voyant qu'il s'agissait d'un combat singulier, se rangeaient sur une ligue opposée.

Les deux chefs, un instant, se mesurèrent du regard, puis fondirent l'un sur l'autre. Abdallah était armé d'une épée, arme que quelques tribus syriennes ont empruntée aux nazaréens ([28]) et conservée depuis les luttes fameuses où l'Orient et l'Occident se disputèrent Jérusalem. L'autre chef brandissait un yatagan recourbé comme le croissant de la lune. Cette différence d'armement donnait un avantage à Abdallah à qui les deux armes étaient familières, tandis que l'escrime de l'épée était ignorée de son ennemi.

Celui-ci eut bientôt occasion de reconnaître son infériorité, car, tandis qu'il cherchait à frapper du tranchant, Abdallah lui présentait sans cesse la pointe au

[28] Métonymie par laquelle sont désignés les chrétiens, parce que Jésus était de Nazareth.

visage et l'obligeait ainsi à des mouvements désordonnés qui l'épuisaient en vains efforts. Il perdit le sang-froid, la colère le prit et il voulut que ce combat eût une prompte solution.

D'un bond de son cheval, il passa comme un trait sous le nez du cheval d'Abdallah, mais hors de la portée de l'épée ; puis, par une volte à gauche digne d'un admirable cavalier, il exécuta une conversion complète. Il se portait ainsi sur la gauche d'Abdallah, l'avait à sa droite, et comptait, par cette manœuvre, paralyser la terrible épée et se donner l'avantage de l'arme et de la position.

Mais Abdallah était trop habile cavalier pour se laisser prendre à cette ruse. Labourant, de bas en haut, le flanc de son cheval de son éperon gauche ([29]), il fit, lui aussi, une volte d'un quart de cercle, rendit la main, lança sa mouture et, au moment où son adversaire, debout sur ses étriers et le bras haut, revenait sur lui et allait frapper de son yatagan d'acier bleu tranchant comme un rasoir, il l'atteignit d'un coup de pointe en pleine poitrine.

L'homme vida les arçons. Son coursier effaré s'enfuit vers le goum où il reconnaissait ses compagnons et les amis de son maître.

A ce coup victorieux, une longue clameur s'éleva de la troupe d'Abdallah qui s'élança au galop pour achever la victoire, tandis que les vaincus, désespérant de la ramener, s'enfuyaient dans un nuage de poussière.

Alors, au milieu de ses guerriers célébrant sa valeur, devant son ennemi agonisant, et sur l'arène jaune où des cadavres étendus montraient, sous la lumière aveuglante d'un soleil torride, leurs membres immobiles et leurs yeux sans regard, Abdallah connut et goûta l'ivresse du triomphe.

Dieu (loué soit-il !), qui a mis en l'homme l'amour de la vie et qui l'a condamné à mort, a voulu que dans la lutte et le danger ses facultés fussent plus vives; que la mort la plus enviable fût celle que le guerrier donne ou reçoit sur le champ de bataille, au milieu de cette fureur du combat qui supprime la douleur, et que l'orgueilleuse joie de renverser à ses pieds un ennemi vaincu fût la plus profonde jouissance que l'homme pût ressentir.

Abdallah en était là de ce songe ou de cette réalité, lorsqu'il sentit cet invincible sommeil, qui déjà l'avait saisi, retomber sur ses paupières. Il s'endormit. Mais bientôt le réveil arriva et rien ne subsistait plus des tableaux qui avaient frappé ses regards et des sensations qu'il avait éprouvées.

---

[29] L éperon arabe, le chabir, s'emploie tout autrement que l'éperon européen.

-IV-

Il se voyait dans une salle magnifique, assis sur des coussins brodés d'or. Il était revêtu d'un riche costume où étincelaient les marques de sa dignité, et sur son turban se dressait l'aigrette de diamant et brillait le croissant, signes du pouvoir impérial. Une nombreuse assemblée de hauts dignitaires étaient venus pour prendre ses ordres et attendaient respectueusement l'expression de sa volonté.

Il donna ordre de faire entrer les gens qui auraient quelque requête à lui adresser et aussitôt on introduisit les délégués d'une tribu éloignée qui s'étaient rendus dans la capitale pour soumettre au sultan un différend qui les divisait.

« — Que les gens du parti qui porte plainte prennent d'abord la parole, dit Abdallah.
« — Monseigneur, dit un vieillard de l'un des deux çofs ([30]), ces hommes-ci et nous, nous appartenons à la tribu des Oulad Sidi Abderrahim. Notre ancêtre commun fut Sidi Abderrahim qui eut deux fils, Abed et Miloud. Ceux-ci sont les descendants d'Abed. Ils sont riches. Nous sommes les descendants de Miloud et nous sommes pauvres. Lorsque, à l'occasion de la dernière guerre, toutes les tribus de ton empire reçurent l'ordre de fournir des contingents, nous dûmes équiper, armer et entretenir cent cavaliers, absolument comme nos frères, les descendants d'Abed.

Mais ceux-ci supportèrent aisément cette charge parce qu'ils sont riches. Nous, qui sommes pauvres, nous fûmes contraints de leur emprunter une grosse somme d'argent pour la garantie de laquelle ils prirent nos terres en gage. Aujourd'hui que la guerre est terminée, voilà que nos terres sont entre les mains de nos frères les Oulad Abed. Nous continuons à les cultiver cependant, mais comme elles sont engagées, nous n'avons droit qu'au cinquième du revenu, et ce cinquième suffit à peine à nous nourrir, de sorte que nous nous voyons réduits, nous, nos enfants et les enfants de nos enfants, à travailler indéfiniment pour nos prêteurs et comme si nous étions leurs esclaves, sans même avoir l'espoir que nos arrière-neveux puissent se relever de cette triste condition.

« — Tout ce qu'a dit cet homme est-il -vrai? Demanda le sultan en se tournant vers les délégués des Oulad Abed.

« — Il a dit- la vérité, répondit le doyen du cof. Toutefois, monseigneur, il convient d'ajouter que ce sont les Oulad Miloud eux-mêmes qui sont venus nous prier de leur prêter la somme d'argent dont ils avaient besoin et qu'ils ont

[30] Çofs, partis antagonistes, au sein dune même tribu.

librement consenti l'engagement et les conditions dont ils paraissent aujourd'hui chercher à s'affranchir.

« — Seigneurs, dit le sultan en s'adressant aux grands dignitaires qui l'entouraient, voyez combien il est difficile de discerner le vrai du faux, le juste de l'injuste, et combien nous avons besoin d'être éclairés par ces grands esprits que Dieu a inspirés et qu'il a chargés de transmettre ses commandements à l'humanité. L'antichrèse dont il est ici question n'est rien autre chose qu'un prêt à intérêt déguisé.

Or, vous le savez, tous les prophètes (que Dieu répande sur eux ses bénédictions !) ou bien ont condamné le prêt à intérêt, ou bien ont prescrit l'abolition des dettes après un certain nombre d'années. Le cas présent montre la sagesse profonde de cette loi divine.

« Voilà des hommes qui ont spontanément prié leurs voisins de leur prêter une somme d'argent, et qui librement ont consenti à engager leurs propriétés ou, ce qui revient au même, à payer un certain intérêt. Ne semble-t-il pas que ce contrat soit bien respectable et que je ne puis le briser sans commettre une injustice ?

« Et cependant, pesez-en les monstrueuses conséquences. Parce que les Oulad Miloud ont fait leur devoir de musulmans pendant la guerre, ils sont aujourd'hui accablés de charges excessives. Sur le champ de bataille, les descendants de Miloud et ceux d'Abed étaient des égaux et des frères d'armes. Rentrés chez eux, les uns sont des esclaves obligés aux plus durs travaux, les autres sont des maîtres, des hommes libres dont l'occupation est d'imaginer la veille de nouveaux plaisirs pour le lendemain.

« Mais pénétrez plus avant, et voyez ce qui arriverait si, cette situation se généralisant, la moitié de mes sujets devenait créancière de l'autre moitié.

« N'est-il pas évident que ce peuple se diviserait en deux castes, celle des oisifs et celle des travailleurs? Les uns seraient censés travailler de leurs capitaux, tandis que les autres travailleraient de leurs bras. De là des ferments de haine, dissolvants certains du lien national. De là perte de temps et de forces, puisqu'une seule moitié de la population se livrerait au travail. De là, enfin, amoindrissement des revenus et de la puissance de l'Empire.

« Un principe juste ne peut produire d'aussi funestes conséquences, et en effet le principe du prêt à intérêt n'est juste que dans certaines conditions.

« Ni un Etat ni un particulier n'ont le droit d'emprunter ou de prêter à intérêt sans prévoir, de manière certaine, l'amortissement du prêt, sans fixer, de manière très précise, l'époque où la dette sera éteinte.

« Car comment pourrait-il être juste que l'homme, qui vit seulement quelques jours, pût contracter pour l'éternité? Comment pourrait-il être juste qu'un homme, parce qu'il a amassé lui certain capital, pût vivre à tout jamais, lui et ses descendants, du revenu de ce capital, sans que cette lignée indéfinie produisît rien par elle-même ? » Le domaine des choses finies est ouvert à l'intelligence humaine. Elle peut s'y mouvoir et y réussir. » Mais le domaine des choses éternelles et infinies appartient à Dieu (qu'il soit exalté !); quand l'homme essaye d'y pénétrer, il aboutit en mathématique à l'absurde, et en droit à l'injuste.

« Imaginez une ligne droite infinie passant par une étoile et par la terre.

« Supposez un observateur sur l'étoile et un observateur sur la terre.

« Chacun d'eux considérera cette droite infinie comme composée de deux segments égaux commençant à lui-même et dirigés en sens contraire.

« Les deux points de vue sont identiques et les deux segments sont des constantes.

« S'il s'agissait de constantes finies, on en conclurait rigoureusement que les deux points supposés ne sont qu'un seul et même point et que la distance de la terre à l'étoile est nulle.

« Voilà les aberrations où tombe la raison humaine lorsqu'elle prétend sortir du domaine qui lui est assigné, mêler le fini et l'infini et comparer des incomparables.

» Les Oulad Miloud n'avaient pas le droit d'emprunter pour un temps indéterminé et de lier ainsi leurs descendants et les descendants de leurs descendants.

Les Oulad Abed n'ont pas le droit de profiter sans limite du travail de leurs frères.

« J'ordonne que les terres des Oulad Miloud resteront pendant cinquante années entre les mains des Oulad Abed. Après ce délai, elles feront retour à leurs possesseurs héréditaires. »

Les délégués des deux cofs se retirèrent et d'autres affaires furent soumises au sultan. Une guerre menaçait l'empire et le grand vizir sollicitait de son maître la nomination d'un général. Le sultan réfléchit quelques instants puis, rompant le silence qui entourait ses méditations, il s'adressa à l'un des hommes qui se tenaient devant lui et énonça, en ces termes, la décision qu'il avait prise :

« — C'est à toi, Ahmed, que je confie l'armée que j'envoie combattre les infidèles. Pars. Hâte-toi de gagner les frontières et empêche qu'un insolent ennemi n'envahisse les terres musulmanes. Rappelle à toi toute l'activité et toute la prudence dont tu m'as donné déjà des preuves qui font que je te distingue.

« Souviens-toi que c'est le général qui fait l'armée, et que le lâche devient brave sous un commandement ferme et vigilant, tandis que le courage individuel est inutile s'il n'est pas discipliné. La force d'une armée réside dans la confiance que le général sait inspirer à ses troupes, et le moyen d'inspirer cette confiance est de montrer que la pensée du chef est partout présente et partout agissante. Le soldat n'est pas en situation de saisir l'ensemble du plan qui motive les mouvements de l'armée. Il exécute ces mouvements sans les comprendre. Mais si l'ensemble lui échappe, il voit parfaitement les détails. Aucun de ces détails n'est donc négligeable, car il faut que le soldat sente toujours la main vigoureuse et la direction éclairée de son général. Si, dans les choses qui le touchent de près, dans les distributions de vivre, dans les ordres de marche, il y a du désordre et de l'irrégularité, le soldat en conclura bientôt que ton administration est imprévoyante, que tes conseils sont flottants et indécis. Il perdra la confiance en son chef, en l'issue de la lutte engagée, et ton armée sera à demi vaincue avant même d'avoir combattu. Surveille donc attentivement l'exécution de tes ordres et punis avec une rigueur inflexible la moindre négligence de la part des chefs placés sous ton commandement.

« J'ai encore une recommandation à t'adresser :

« Je te donne cette immense armée. Je te donne tous ces hommes, mes sujets et par conséquent tes égaux. Tu deviens leur seigneur et ils seront tes esclaves. Leur force, leur courage, leur vie t'appartiennent. Tu peux en disposer. Mais souviens-toi qu'en échange d'un si grand pouvoir et d'un si grand honneur tu contractes une dette vis-à-vis de ton maître : tu me dois la victoire ou ta vie.

« Vainqueur, tu jouiras légitimement de la gloire que des milliers d'hommes t'auront achetée au prix de leur existence.

« Mais, vaincu, sache que je n'admettrais pas que tu revinsses étaler, dans ma capitale, ton titre de général, l'opulence justement attachée aux hautes fonctions, et des habits dorés.

« En cas de hasards malheureux, il te resterait un dernier devoir à remplir et un dernier exemple à donner, celui d'une mort glorieuse.

« Si donc il arrivait que tu éprouvasses des revers irréparables, tu as, dès à présent, l'ordre de transmettre le commandement à celui de tes lieutenants que tu jugeras le plus capable de l'exercer. Puis, à la tête d'une troupe de cavaliers choisis parmi les plus forts et les mieux montés, tu iras chercher une mort courageuse, dans le lieu le plus exposé aux regards. Va avec le salut ! » ([31]).

Le général sortit après s'être prosterné devant le sultan, et les autres dignitaires se rapprochèrent d'Abdallah pour lui soumettre les affaires de l'Etat et lui demander ses ordres. Et lui tranchait les questions et jugeait souverainement des hommes et des choses. Il lui semblait que son intelligence était devenue plus vaste, son jugement plus rapide. Illusion et enivrement d'un pouvoir sans frein ! Tel le fleuve semble rouler des eaux plus abondantes après qu'il a rompu ses digues. Mais il est naturel que le fleuve pèse sur ses digues et que les enfants d'Adam recherchent la domination. L'homme a besoin de la société des hommes. Il ne saurait vivre seul.

Mais il est inquiet s'il voit ses destinées entre les mains d'autres hommes. C'est pourquoi il cherche constamment à placer le plus grand nombre possible de ses semblables dans sa dépendance, et c'est pourquoi le pouvoir a pour lui tant d'attrait.

Abdallah éprouvait le plaisir spécial attaché à la puissance politique. Il était heureux de se sentir le but de tous les regards, l'espoir de toutes les pensées. Un mot de lui faisait, à son gré, éclater la joie ou couler les larmes. Ses sentiments, ses passions, bonnes ou mauvaises, se développaient sans entraves, ou du moins, rien de la part des hommes ne mettait obstacle à leur expansion. Seules les forces naturelles et les lois auxquelles Dieu (qu'il soit exalté !) a soumis toutes les créatures imposaient une limite aux volontés du sultan.

Mais bientôt la vision s'éteignit. Abdallah retomba dans le sommeil et n'en sortit que pour se trouver acteur dans de nouveaux événements.

---

[31] Cette formule de salutation, assez bizarre en français, est .la traduction littérale de l'arabe . roh besselâma.

-V-

Il se voyait dans une luxueuse demeure où tout était disposé pour que le maître rencontrât à chaque instant de nouveaux amusements, sans avoir la peine de les chercher. Ce palais s'élevait dans de beaux jardins où des eaux murmurantes coulaient claires et fraîches sous de grands arbres aux puissantes ramures. Sa vaste enceinte enfermait des cours intérieures qui offraient l'agréable contraste de l'art, fait de mesure et de symétrie, et de la nature profuse et sinueuse.

Sur les bords de bassins de marbre blanc, où jaillissaient des eaux vives, croissaient et se mêlaient des arbustes de multiples espèces et des plantes aux fleurs brillantes dont la brise secouait les parfums. Autour de cette végétation capricieuse se développaient des colonnades régulières qui formaient des galeries donnant accès dans des appartements somptueux.

C'était l'heure du repas du soir, l'heure où les dernières clartés du crépuscule s'effacent dans l'obscurité montante, où la brise est plus douce, et plus pénétrants les parfums que distille le calice des fleurs.

Abdallah, revêtu d'un long vêtement de cachemire, se rendit dans une salle qu'éclairaient des lampes entourées de verres de diverses couleurs. De riches tapis entassés sur les dalles de marbre étaient disposés pour le recevoir, et à peine y eut-il pris place que des flûtes et des guitares, animées par des musiciens invisibles, firent entendre des mélodies douces accompagnées d'harmonieux accords. Alors des portes s'ouvrirent qui donnèrent passage à un essaim de femmes portant sur des plats d'argent tous les mets capables de satisfaire à la fois l'appétit et la gourmandise.

Ces femmes se répandirent dans la salle en observant l'ordre que comportaient leurs diverses attributions, et quelques-unes d'entre elles devaient servir leur maître tandis que d'autres se préparaient ou à la danse ou au chant. Toutes étaient jeunes et belles, mais d'un genre de beauté différent. Elles appartenaient à des races diverses. Dans l'une triomphait la fière beauté de la Cireassienne à la taille haute, à la peau éclatante de blancheur.

L'ovale régulier de son visage, ses yeux largement ouverts et doux comme ceux de la gazelle, son nez droit, sa bouche aux lèvres fines, son front élevé et pur couronné d'une abondante chevelure qui s'élevait en volutes élégantes. Puis retombait semblable aux branches traînantes du saule pleureur, tout cet ensemble présentait des proportions si justes et des formes si parfaites que l'on se sentait disposé à admirer cette splendide créature comme un précieux objet d'art auquel Dieu lui-même (qu'il soit exalté!) n'aurait pu ajouter une perfection.

Même à côté de cette orgueilleuse beauté brillait l'Algérienne avec son teint pâle et mat, son regard vif et profond. Son charme se composait de la douceur spirituelle de sa physionomie et de la légèreté de sa marche, indice d'une taille souple et de jambes bien faites. Tous ses mouvements étaient gracieux , et ses hanches larges ondulaient comme les vagues de la mer lorsque, par un temps calme, elles s'élèvent et s'abaissent doucement et viennent caresser leurs rives. Là se trouvaient aussi quelques-unes de ces femmes noires comme la nuit, dont le Soudan est la patrie, dont la peau est froide comme celle du serpent et dont les amours sont ardentes comme le ciel de leur pays.

Ces femmes portaient le costume des aimées où tout est disposé non pour dissimuler la beauté, mais au contraire pour la signaler, l'orner, la mettre en relief.

Leur buste se moulait dans un étroit corsage duquel débordaient les épaules et les seins. Leur taille était sertie d'un lien de soie et d'or. Au-dessous de cette riche ceinture se développaient, à demi voilés, ces contours à la fois robustes et gracieux sous lesquels Dieu (qu'il soit exalté!) a caché l'attrait puissant de la volupté.

Les danseuses commencèrent une danse molle et lente. Elles se déplaçaient peu, mais tournaient sur elles-mêmes en faisant osciller leurs hanches et leurs épaules. Leurs mains agitaient de longues écharpes qui, selon les figures de la danse, tantôt les enveloppaient comme des voiles pudiques, tantôt s'écartaient et révélaient la grâce de leurs formes, la jeunesse et la fraîcheur de leur chair. Sous la lumière changeante des verres multicolores et selon leur position et leurs mouvements, leur allure et leur physionomie prenaient les expressions les plus diverses.

Quelquefois, une noble femme blanche, gracieusement drapée dans son voile de gaze et comme enveloppée dans une auréole de lumière rose, semblait une houri exilée du ciel et prête à prendre son vol pour y retourner. D'autres fois, sous une lumière vive demi-nue, le regard ardent sous ses longs cils, se tordant dans des mouvements lascifs, elle semblait implorer d'insatiables amours.

Les noires n'offraient pas des contrastes moins surprenants. Tantôt, dans la pénombre et se distinguant à peine de la nuit, elles semblaient des statues de bronze, tantôt, leur beau corps ruisselant de la lumière réfléchie par leur peau luisante, les seins nus, leurs dents d'ivoire brillant sous des lèvres épaisses, elles semblaient promettre à un amant invisible des plaisirs violents et des enlacements sauvages.

De temps en temps, l'une de ces femmes, fatiguée et étourdie par le tourbillon de la danse, se renversait auprès d'Abdallah et se roulait à ses pieds sur la laine élastique des tapis qui s'enfonçait sous son poids.

Ces magiciennes connaissent des talismans et des pratiques qui excitent les sens et éloignent la lassitude. Elles savent composer des philtres qui soutiennent les désirs jusqu'à l'extrême limite des forces. Mais elles connaissent aussi d'autres philtres qui, lorsque cette limite est atteinte, produisent un sommeil profond et réparateur pendant lequel le corps reprend sa vigueur et redevient apte à de nouveaux plaisirs.

Abdallah s'endormit, mais pour se réveiller bientôt et voir se dérouler sous ses yeux de nouveaux tableaux suscités par les enchantements du Génie de l'Aidour.

-VI-

Il se voyait dans un logis silencieux et retiré tout rempli d'instruments bizarres, de vases aux formes étranges et de volumineux manuscrits. Il avait conservé le souvenir des événements précédents, mais il comprenait peu les sensations et les passions qu'il avait éprouvées. Les sentiments violents qui rapprochent ou divisant les hommes ; les rivalités individuelles ou les querelles sanglantes des peuples n'excitaient plus son intérêt.

Des horizons nouveaux lui étaient ouverts, et l'étoile sereine qui poursuit dans les cieux sa course mesurée était maintenant, pour le savant, ce qu'était tout à l'heure, pour le mondain, la femme qui passe gracieuse et légère sous un voile de soie blanche. Sa pensée audacieuse tantôt planait dans le ciel, tantôt étudiait la particule cristalline qui, tout à coup, se forme au fond du creuset de l'alchimiste, et dans ces recherches qui, au premier abord, semblent si différentes, il ne voyait qu'une même étude et poursuivait un même but.

C'est que ces recherches, précisément, lui avaient appris qu'il n'est rien, dans la création, dont on puisse dire absolument : cela est grand ; ceci est petit.

Le moindre grain de la poussière impalpable que la brise enlève au chemin, et tout l'univers visible qui apparaît dans la nuit, par un ciel sans nuage, avec les milliards de mondes enfermés dans ce sphéroïde, sont des substances de même ordre et de même nature.

Car ces deux objets, dont l'un est chose infime et méprisable aux yeux de l'ignorant, tandis que, naïvement, il croit trouver dans l'autre une preuve de la toute-puissance de Dieu, ne présentent qu'une différence quantitative — de ce fait, non essentielle — et sont, au même titre, des infiniment grands ou des infiniment petits, selon que l'on considère le nombre infini des parties qui les composent ou le nombre infini qui peut multiplier leur étendue.

Ainsi, éclairé par la Science, il s'élevait au-dessus des préjugés et, sous les images décevantes que nos sens nous fournissent, il parvenait à discerner quelques réalités. Tandis que le Vulgaire s'imagine rendre raison des choses au moyen d'une entité vide qu'il nomme force, généralement, et spécialement, dans les avatars qu'il lui suppose, pesanteur, cohésion, affinité, force d'inertie, force impulsive, magnétisme, électricité, osmose, archée, conscience. Ame... (sic!), Abdallah ne voyait dans la Nature qu'une substance mobile, changeante, insaisissable, animée d'un éternel mouvement.

Son esprit exercé au raisonnement suivait hardiment la série des déductions qui l'amenaient à cette explication mécanique des choses créées, et il traduisait ses pensées dans le langage rigoureux et froid qui convient à la Science, assez belle d'elle- même pour dédaigner l'ornement.

La plume à la main et s'appliquant à calquer l'expression sur l'idée, lentement il écrivait :
« Qu'appelle-t-on mouvement, sinon un changement dans la situation des parties composant un tout?

« Le mouvement peut donc être défini ; un changement dans mie forme donnée.

« Le mouvement suffit donc, par définition, à expliquer l'apparition de formes nouvelles dans un milieu étendu et substantiel.

« Mais, d'autre part, toute transformation de mouvement est évidemment déterminée et réglée par la forme des éléments auxquels ce mouvement est communiqué.

« Du moment donc qu'il est donné :

« Qu'une substance primigène et préformée existe dans l'étendue, que Dieu (qu'il soit glorifié !) prête à ses créatures ;

« Qu'une impulsion lui a été communiquée ;

« Il est possible de concevoir que de cela résulte, dans un tel milieu, des mouvements indéfiniment transformés, c'est-à-dire une infinité de phénomènes, parmi lesquels il faut comprendre ceux qui, dans l'être humain, constituent les sensations, image affaiblie et défectueuse des objets qui l'environnent, imparfaite notion qu'il acquiert de lui-même et d'une infinitésimale partie de la Nature »

Notion en effet bien imparfaite, puisqu'elle donne comme repos ce qui est mouvement et comme inertie ce qui est action :

L'eau contenue dans un vase, l'air enfermé dans un ballon, la lame d'acier qui demeure constamment rigide et tenace, la pépite d'or qui gît immuable au fond du fleuve, la roche qui forme la montagne, le sol même qui nous porte, nous donnent l'impression d'une substance immobile, inactive, inerte, endormie.

Cependant Abdallah avait obtenu la preuve que ce témoignage de nos sens est une complète illusion.

Ces corps, et tous les corps, ne doivent leurs caractères spécifiques, leur masse, leur pouvoir gravitai, électrique, photogène ou thermogène, leur élasticité, leur solidité ou leur fluidité, leur tendance à s'unir ou à se dissocier, qu'à des mouvements d'une intensité prodigieuse. Dans leurs veines se déchaînent des tourbillons formidables, des torrents d'énergie, mais à des profondeurs de petitesse qui, nous étant inaccessibles, ne nous permettent de saisir qu'un résultat d'apparence statique, bien qu'entièrement dynamique dans sa cause.

Eprouvant les mêmes sensations que tout le monde, Abdallah les interprétait donc de manière tout à fait différente. A ses sens physiques la science des mathématiques ajoutait un sens intellectuel par lequel il voyait l'invisible et touchait l'intangible, et ce sens lui montrait la substance n'ayant de propriétés qu'à raison de son agitation.

Elle est pour nous comme inexistante lorsqu'elle n'est pas animée du mouvement spécial qui en fait cette chose extrêmement rare dans la Nature que nous nommons matière et qui est la seule forme de la substance que notre sensibilité puisse atteindre.

Voilà ce que lui apprenaient ses expériences et ses calculs.

Mais l'orgueil du savant, fier d'avoir découvert ces vérités, bientôt faisait place à l'humilité qui convient à la créature bornée et mortelle, lorsque, voulant approfondir cette conception vague et générale de la Nature, il cherchait à expliquer dans le détail les phénomènes qu'elle présente et les problèmes qu'elle propose à l'homme, phénomène lui-même, et problème vivant qui se cherche, sans raisonnable espoir de se trouver jamais.

Il comprenait que l'intelligence humaine essentiellement relative, capable de comparer, incapable de connaître absolument, lorsqu'elle est mise en présence de la mathématique et de la mécanique, de l'absolu et de l'infini, doit être, et est, en effet, frappée d'une irrémédiable impuissance.

Car s'il est certain que toute transformation de mouvement trouve sa cause dans un organe agité, doué par cette agitation même de ce qu'on a pris l'habitude d'appeler une propriété, il est non moins certain que cet organe n'est élément et atome que relativement à la propriété considérée, et que lui-même a besoin d'une raison d'être qu'il ne peut trouver que dans le mouvement.

Pour rendre raison de la forme caractéristique de cet atome, de son élasticité propre et de sa mobilité spéciale, il est donc nécessaire d'admettre d'autres mouvements qui le constituent, d'admettre, par conséquent, qu'il se résout en éléments nouveaux, lesquels eux-mêmes ne sont tels qu'on les constate ou qu'on les suppose qu'en raison d'autres mouvements et d'autres éléments sous-jacents.

Et, ce raisonnement ayant un caractère d'absolue généralité, il faut en conclure qu'il n'est point d'atomes à proprement parler et que cette division de la substance en éléments, successifs doit être poursuivie indéfiniment, sans qu'il soit possible de s'arrêter dans cette descente aux abîmes de l'infiniment petit.

Abdallah, dans ses patientes investigations touchant l'intime constitution des corps, aboutissait à ce mystère impénétrable : la substance discontinue et soumise à la loi du nombre. Il voyait tout corps, divisé jusqu'à une certaine limite qui peut toujours être définie par un nombre appartenant à une série arithmétique, se résoudre en éléments tels que si l'on connaît leur forme, leur élasticité et le mouvement qui leur arrive, les propriétés du corps considéré sont pleinement expliquées.

Mais la forme et l'élasticité propres à cet élément sont des qualités qui resteraient occultes et sans cause si on le considérait comme simple. Une telle hypothèse n'est donc pas admissible. Il faut admettre qu'il est complexe et divisible, et la division portée jusqu'à lui second terme de la même série arithmétique fournit un nouvel élément qui, connu, explique le premier.

Or, il est évident que les termes de cette série sont en nombre illimité; d'où il suit que la Nature livrerait son secret à une intelligence capable d'aller chercher à l'infini la cause qui fait que la substance universelle est ordonnable par le mouvement en organes élémentaires, capable, en d'autres termes, d'atteindre Dieu l'inaccessible (qu'il soit exalté!).

Ces grandes lois mathématiques, suivant lesquelles l'éternel mouvement constitue, groupe, divise, anime les éléments substantiels considérés en un certain tenue de l'étendue pris pour origine, ne comportent donc pas plus d'explication réelle que les éléments considérés n'ont eux-mêmes de réalité : l'origine admise n'est jamais l'origine première et la Science est condamnée à rester toujours infiniment restreinte puisque son objet est infiniment étendu.

Et, en conséquence de ces vérités, Abdallah concluait que les propriétés que l'homme découvre dans la substance qui l'environne et dont il est formé résultent pour lui du degré de divisibilité auquel ses organes lui permettent de se mettre eu communication avec cette insaisissable substance. Il les trouverait autres s'il était organisé de manière à transformer en sensations des mouvements de plus grande amplitude. Il les trouverait autres encore, s'il pouvait être impressionné par des éléments plus petits que ceux dont ses sens actuels lui permettent de percevoir les palpitations.

D'ailleurs le mouvement, possédant ce caractère général de se propager suivant des ondes sphériques et du centre à la périphérie, s'annihilerait en atteignant cette périphérie si elle existait réellement, puisque le vide est nécessairement dénué d'élasticité.

Pour que l'énergie, fille de la substance et du mouvement, ne se dissipe pas, l'immensité substantielle est nécessaire. Elle seule peut réaliser le mouvement éternel.

Il n'est donc pas possible d'admettre l'hypothèse d'un monde limité, créé à un instant donné puis abandonné à ses énergies intrinsèques, hypothèse qui aurait pour conséquence une destinée réglée comme un rouage, un déterminisme absolu.

Abdallah voyait clairement qu'un tel mécanisme serait aussi incapable de durée qu'une machine construite par la main des hommes. Il voyait clairement que la pérennité du mouvement exige que l'infini restitue sans cesse aux univers l'énergie qu'ils dépensent dans l'infini.

L'acte créateur est de tous les instants. Telle est la seule condition qui puisse assurer la durée et bannir le déterminisme. C'est l'infini vivant et actif, qui soutient, vivifie, anime les mondes, laissant libre la créature intelligente qu'il s'adjoint comme collaboratrice, et déroulant sous nos yeux le spectacle vrai, mais invraisemblable, inintelligible et merveilleux de la création perpétuelle.

Parvenu à ce degré de science qui lui permettait de soulever un peu le voile sous lequel s'enveloppe et se cache la mystérieuse Nature, il lui sembla qu'un éclair illuminait son intelligence et qu'à la lueur de cet éclair il avait une rapide vision de la Divinité.

Et, sa langue essayant de traduire les sentiments et les pensées qui s'agitaient en lui, il s'écria :

« Louange à Dieu maître des mondes ([32]) ;

« Unique, sans associé ;

« Qui se sépare de ses créations par trois ordres d'infinis ([33]) ;

« Qui fait les choses nombrables et mesurables et n'est pas mesurable ;

« Qui les contient et n'en est pas composé ;

« Source de toute énergie, de toute vie, de toute intelligence.

« Il conduit ses mondes et ses créatures vers un avenir. Jamais, dans l'éternité, un seul fait de leur histoire ne sera reproduit une seconde fois.

« Quelle folie serait s'imaginer que l'on peut connaître cet avenir !

« Le flux de l'énergie qui, de l'infini vient au fini, le pénètre intégralement.

« Mais, en sens inverse, il n'est point de communication ; la réaction reste dans le fini ; rien ne franchit l'immense abîme. Le Créateur est impénétrable à la créature.

« Abstenons-nous donc de conjectures vaines et ne nous tourmentons pas inutilement au sujet de notre destinée.

« Dans l'ignorance complète de ce qu'elle peut être, nous devons, par avance, l'accepter avec résignation (اسلام[34]).

[32] L'auteur a emprunté ces paroles au livre sacre des musulmans. C'est la première ligne du Coran.
[33] Passage obscur. Il appartient aux mathématiciens nous explique ce qu'entend l'auteur par ces trois ordres d'infinis.
[34] Islam, résignation ; dogme, doctrine de la résignation.

« Mais nous devons aussi avoir foi en notre inconnaissable Créateur et croire que les notions premières de notre entendement, instinctives, intuitives, sans preuve, et cependant base unique de notre savoir et de nos jugements, sont le reflet d'une vérité et d'une justice éternelles :

« Révélations que le Créateur fait éclater dans la conscience humaine et qui nous ouvre l'accès de ce que nous pouvons connaître de l'œuvre et de la loi divines.

« Ces révélations, comment ne les croirions-nous pas véritables?
« Tout notre être répugne à supposer menteur de Dieu de l'immensité

(صدق الله العظيم[35]). »

Telles étaient les pensées que le Génie de l'Aïdour suggérait à Abdallah pour lui faire expérimenter le plaisir dont la Science récompense ceux qui l'aiment et se donnent à elle. Plaisir singulier fait de difficultés vaincues ; de combinaisons ingénieuses qui, tout à coup, se traduisent en résultats inattendus ; d'un oubli complet de soi-même et des servitudes misérables de l'existence ; d'un peu d'orgueil aussi : orgueil légitime, quoique le naufrage de la raison soit inévitable devant des problèmes qui excèdent sa portée.

Mais la science qui réussit à établir son impuissance, et en quoi et pourquoi elle est impuissante, est bien véritablement science, et d'ailleurs l'être mortel qui a pu atteindre le seuil de l'infini a réalisé le plus grand effort intellectuel que sa condition lui permette. Au delà sont des régions que nulle créature n'explorera jamais.

Abdallah sentit la fatigue de cet effort qui élève l'humble raison de l'homme vers la raison souveraine ; ses idées devinrent confuses, la vision s'évanouit et il retomba dans le sommeil.

[35] Sadaqa Allahou el 'adhimou : le Dieu immense est Véridique. C'est encore un emprunt. On trouve cette formule à la fin d'une copie orientale du Coran.

-VII-

Lorsqu'il reprit le sentiment de lui-même, il put croire que les enchantements du Génie avaient cessé, car il se trouvait transporté dans sa propre demeure.

Il se voyait assis sur des tapis, sous le caroubier qui croissait dans son petit jardin accroché aux pentes du ravin Ras-el-Aïn. C'est à cette place que, bien souvent, après une chaude journée d'été, il jouissait de la fraîcheur du soir, en buvant du café et s'abandonnant à tous les rêves.

A quelques pas de lui s'élevait sa maison, éblouissante de blancheur sous sa couche de chaux, avec ses étroites fenêtres en ogive fermées d'un grillage vert, et sa porte basse portant les empreintes de grandes mains rouges qui détournent le mauvais œil.

Il entendait, dans l'écurie, ses chevaux broyer l'orge sous leurs dents et, dans la maison, l'esclave qui tournait la meule pour écraser le froment, et préparer le taam ([36]). Il était né dans cette maison. Son père y était mort. C'est là que s'était écoulée son enfance ; c'est là qu'il vivait encore aujourd'hui avec sa mère, ses esclaves et ses chevaux.

Tout à coup, sans qu' 'il pût deviner comment elle était venue, il vit une femme devant lui. Elle était voilée et couverte d'un grand haïk ([37]) blanc. Mais il y a une sorte d'instinct qui révèle la présence de la femme aimée ; et, malgré ce voile et cet ample vêtement, Abdallah reconnut Yamina, la fille de son voisin. Il était adolescent quand elle était encore toute petite fille. Il l'avait vue grandir en devenant chaque jour plus jolie, et enfin, depuis un an, elle s'était voilée et il n'était plus permis à aucun homme de voir son visage.

Mais souvent elle se promenait dans le jardin de son père, et souvent Abdallah s'était caché dans la haie de cactus qui séparait les deux jardins pour épier la jeune fille au travers des branches et contempler sa gracieuse allure. Il lui avait même semblé, parfois, que sa présence était devinée car, à différentes reprises, la jeune fille, comme pour rajuster son voile, l'avait écarté avec une coquetterie bien naturelle à une femme qui se sait belle, et avait tourné son visage découvert et dirigé ses beaux yeux du côté où se cachait son amant.

« — Yamina, dit Abdallah, je te reconnais bien, malgré tes longs voiles. Crois-tu que je puisse te méconnaître ? Mon cœur m'a annoncé ta présence et a tressailli de joie avant même que je t'eusse aperçue. Donne-moi la main, ma belle, viens

[36] Taam, nourriture, couscous.
[37] Haïk, longue et étroite pièce d'une fine étoffe de laine, ordinairement entremêlée de soie.

t'asseoir sur ces coussins et accepte mon hospitalité. Je vais donner l'ordre que l'on apporte du café, des moussemmènes ([38]) et du miel.

« — Abdallah, répondit la jeune fille, ta main ne peut toucher la mienne et je ne puis accepter ton hospitalité. Mais je puis enlever ce voile et demeurer avec toi quelques instants si tu le désires et si tu m'aimes. »

En même temps qu'elle prononçait ces paroles, la jeune fille, rejetant la mousseline qui l'enveloppait et qui tomba en cercle autour d'elle, apparut sous le costume que portent les riches musulmanes dans leur intérieur, lorsqu'elles attendent leur époux et qu'elles n'ont à redouter aucun regard indiscret.

Sur sa tête était posé un petit fez en velours rouge couvert de broderies d'or, et de dessous lequel s'échappaient les flots de sa chevelure noire. Après avoir encadré le pur ovale de son visage de ses ondes élégantes, cette abondante chevelure, que l'huile parfumée rendait aussi luisante que l'aile du corbeau, était réunie en tresses qui descendaient derrière les épaules et traînaient presque jusqu'à terre.

Yamina portait une petite veste de satin cramoisi qui, ouverte sur le devant, laissait voir les plis d'une guimpe bordée de dentelles, que gonflait sa poitrine virginale. A sa taille souple et mince s'attachait un pantalon blanc très large et très bouffant qui descendait jusqu'au milieu de ses jambes fines et nerveuses couvertes de bas de soie rose. Ses petits pieds disparaissaient dans des babouches de velours rouge brodé d'or.

« — Yamina, dit le jeune homme ébloui par cette ravissante apparition, comment serait-il possible de te voir sans t'aimer.

« — Si tu m'aimes, interrompit Yamina, je puis donc espérer que l'ambition ou la soif de l'inconnu ne te détourneront pas du projet que tu avais formé de me demander à mon père et de me conduire dans ta demeure. Devenir ton épouse est mon plus cher désir, espoir charmant depuis longtemps caressé au fond de mon cœur.

« Ecoute, Abdallah : alors que, toute enfant, je te voyais partir sur ton cheval de guerre, couvert de tes armes brillantes, déjà je t'aimais sans savoir ce qu'est aimer. Tu étais bien jeune ; à peine un léger duvet paraissait sur ta lèvre, et cependant tu me semblais plus beau, plus fort et plus redoutable que nos guerriers les plus renommés.

---

[38] Sorte de pâtisseries feuilletées.

Lorsque tu revenais d'expédition, au milieu des cavaliers de l'escorte du bey c'était toi seul que je cherchais et j'étais joyeuse d'une joie naïve lorsque mes yeux t'avaient aperçu. Mais, maintenant, le sentiment vague et inexpliqué qui était au cœur de l'enfant s'est changé en un amour qui envahit tout mon être et fait, à tout instant, mon tourment et mon bonheur. »

En même temps qu' 'elle prononçait ces paroles, ses joues rougissantes donnaient un nouvel éclat à son visage et, sous l'ombre de ses longs cils, ses yeux semblaient lancer des éclairs.

« Le regard d'une femme qui aime, a dit le poète Abou-Safian, est plus doux que la clarté de la lune et plus ardent qu'un rayon du soleil. »

Abdallah sentit la puissance de ce regard, et ses mains éprouvèrent l'irrésistible tentation de toucher la ravissante créature qu'il voyait tout près de lui, resplendissante de beauté et palpitante de l'émotion de son jeune amour. Mais il ne saisit que le vide, et comprit qu'il n'avait en face de lui qu'une apparition suscitée par les enchantements du Génie de l'Aïdour.

« — Abdallah, dit l'apparition, je suis envoyée vers toi pour t'éclairer dans le souhait qu'il t'a été accordé de faire. Sache qu'il n'est pas donné à l'homme d'éprouver un plus grand bonheur que celui de posséder une femme aimante et aimée. Mais sache aussi que le bonheur que je t'offre ne consiste pas seulement dans les amours ardentes et chastes de la vierge, qui sont, en ce moment, le seul objet de tes désirs. Ce bonheur est plus durable et t'accompagnera pendant toute ton existence.

De moi sortiront des enfants qui seront, un jour, ton orgueil et ton soutien, et qui honoreront leur père. Lorsque ton bras sera affaibli, c'est ton fils qui portera ton cimeterre et fera respecter ton nom. Crois-moi, Abdallah, rien n'est plus doux que la patrie. Lorsque tes cheveux auront blanchi, c'est avec plaisir que tu verras autour de toi les mêmes objets qui, dès ton enfance, ont occupé tes yeux.

Tes regards fatigués se reposeront avec bonheur sur ces sites, de toi si connus, au milieu desquels tu auras vécu, joui et souffert. Enfin, lorsque le moment sera venu de quitter cette vie, tu éprouveras que la mort est un passage facile pour le musulman qui, ayant toujours fait le bien, s'éteint sur une terre amie, au milieu de ses enfants, laissant un nom respecté. »

En même temps que la belle Yamina, ou plutôt son fantôme, prononçait ces dernières paroles, Abdallah voyait l'apparition pâlir et s'effacer.

« Adieu, Abdallah, dit-elle encore, adieu ou au revoir, selon ce que tu décideras.»

Et tout disparut, et il retomba dans le sommeil.

-VIII-

Lorsqu'il s'éveilla, il se trouva couché dans le souterrain, au pied de l'éboulement. Sa lanterne encore allumée était posée sur le sol à côté de lui. Après avoir promené ses mains sur la muraille, sur les débris qui l'environnaient et sur sa propre personne, pour s'assurer qu'il ne rêvait plus, il se leva et secoua ses membres engourdis par le froid et l'humidité.

« Il est évident, se dit-il, que j'ai été à demi asphyxié par l'air impur de ce souterrain. J'ai perdu connaissance et, pendant mon sommeil maladif, j'ai fait les rêves incohérents dont le souvenir hante encore mon cerveau. Il s'agit maintenant de sortir d'ici le plus tôt possible.

« La pente du souterrain lui indiquait très clairement le chemin qu'il avait parcouru. Il la remonta et, quelques instants après, il se trouvait au milieu des soldats qu'il avait laissés à l'entrée du souterrain.

Il leur donna l'ordre de fermer la porte et sortit du Bordj-el-Nadour, dans l'intention de se rendre chez le bey et de lui rendre compte de son exploration.

Après avoir marché un peu, le malaise qu'il éprouvait commença à se dissiper et il réfléchissait à ce qu'il allait dire au bey, lorsque, tout à coup, il s'arrêta frappé de stupeur et presque d'épouvante. Ses yeux venaient de s'arrêter sur l'annulaire de sa main gauche et d'apercevoir l'anneau d'or qui y avait été placé sur l'ordre du Génie de l'Aïdour.

Ainsi donc il n'avait pas rêvé. La statue enchantée, la crypte lumineuse à laquelle il était parvenu, et ce mystérieux et terrible Génie avec lequel il avait conversé, c'était là autant de réalités ; et lui, Abdallah ben Mansour, se trouvait bien réellement investi du dangereux pouvoir de choisir sa destinée.

Il se hâta de se rendre chez le bey, lui raconta qu'il avait parcouru certaines parties accessibles du souterrain, mais ne lui dit pas un mot de ses aventures, puis, alléguant que le froid l'avait saisi et qu'il se sentait indisposé, il demanda la permission de se retirer.

Il lui tardait d'être seul. Il alla, en courant, s'enfermer dans sa petite maison du ravin, fit apporter des tapis sous son caroubier, se fit servir du café et s'abandonna à ses réflexions.

Ses yeux ne pouvaient quitter l'anneau d'or. Il l'enlevait, le remettait, l'examinait sans cesse. C'était un anneau fort simple, orné seulement de quelques dessins gravés. Rien, à le voir, n'indiquait la puissance qu'il communiquait à son possesseur.

Mais comment douter de cette puissance ? Abdallah était bien certain que cet anneau ne lui avait jamais appartenu.

Et Abdallah rappelait à son souvenir tous les événements auxquels il s'était trouvé mêlé pendant le sommeil magique que le Génie lui avait imposé. Ces événements se présentaient à sa mémoire avec une netteté parfaite. Il en revoyait, à son gré, les moindres circonstances, et se souvenait de toutes les sensations si diverses qu'il avait éprouvées pendant son rêve. Mais sa perplexité était grande. Que choisir ?

Ou bien l'indépendance sauvage de l'enfant du désert.
Ou bien le pouvoir illimité du sultan.
Ou bien la vie molle et voluptueuse d'un riche habitant de Stamboul, de Bagdad ou de Damas.
Ou la vie studieuse du savant.
Ou, enfin, la vie modeste et le bonheur calme que lui promettait Yamima.

Pendant trois jours Abdallah resta enfermé chez lui, plongé dans ses réflexions.

Quelquefois, il croyait avoir pris une résolution. Mais, au moment d'engager toute son existence, il hésitait, craignait de se tromper, et redevenait flottant et indécis.

Enfin, le soir du troisième jour, il prit une décision. Il se leva. Debout, il lui semblait qu'il serait plus fort et plus résolu. Les yeux fixés sur l'anneau, il conjura le Génie à exaucer ses désirs, et formula un souhait en ces termes :

Ici se termine le manuscrit arabe. La suite est perdue.

Quand je lus ce conte pour la première fois, j'éprouvai un si gros désappointement en le trouvant interrompu au moment le plus intéressant, que j'eus, un instant, l'idée d'éviter cette même contrariété à mes lecteurs et d'imaginer un dénouement. Mais rien, dans ce que nous possédons de l'œuvre, ne permet de préjuger le choix d'Abdallah, et je compris que je n'avais pas le droit de substituer ma pensée à la pensée inconnue de l'auteur. Il m'a paru plus convenable de laisser chacun de mes lecteurs faire telle supposition qu'il lui plaira touchant la conclusion disparue de ce récit extraordinaire.

H. DE S.

BIBLIOGRAPHIE

BIBLIOGRAPHIE GENERALE

Livres sacrés

1-Le Coran
(Traduction nouvelle par le Cheikh Boubakeur Hamza)
Alger, ENAG éditions, 1989(2 tomes)

Dictionnaires, Glossaires et Encyclopédies

BARAKE(Bassam)
Dictionnaire de linguistique. Français-Arabe
Avec un index alphabétique des termes arabes
Tripoli(Liban),Jarouss Presse, (?), 298 p

BEAUSSIER(Marcelin)
Dictionnaire Arabe- Français
Nouvelle édition, revue, corrigée et augmentée par Mohammed Bencheneb
Alger, La maison des livres, 1958(2 tomes)

BOUIKEN BAHI (Amar Abdelkader)
Dictionnaire des proverbes et locutions proverbiale
Oran, LAROS, 2007, 245p+198 p

CHEBEL (Malek)
Dictionnaires des symboles musulmans. Rites, mystique et civilisation
Paris, Michel Albin, 2000,501p

CHEVALIER (Jean), GHEERBRANT (Alain)
Dictionnaires des symboles. Mythes, rêves, coutumes, gestes, formes, figures, couleurs, nombres
Paris, Robert Lafont/Jupiter, 1992,1060 p

COLLECTIF
Encyclopédie de l'Islam
Leyde/Paris

COLLECTIF
Encyclopédie Berbère Tome IV
Aix en Provence, EDISUD, 1997,

COLLECTIF (sous la direction de Mohammed Ali Amir –MOEZZI)
Dictionnaire du Coran
Paris, Robert Laffont, 2008,981 p

COLLECTIF (sous la direction de Pierre BONTE et Michel IZARD)
Dictionnaire de l'ethnologie et de l'anthropologie
Paris, PUF, 2007,842 p
COLLECTIF
Dictionnaire de sociologie
Paris, Larousse, 2003,279 p
DOZY (R.P.A)
Dictionnaire détaillé des noms des vêtements chez les arabes
Beyrouth, librairie du Liban, (?),444 p
GAID (Tahar)
Dictionnaire élémentaire de l'Islam
Alger, OPU, 1991,418p
MAHREZ(Amine)
Glossaires raisonné des mots français d'origine arabe
Alger, éditions Dar El Othmania, 2006,187 p
MATHIEU-ROSAY(Jean)
Dictionnaire Etymologique
(Belgique), Marabout, 1985,543
PONT-HUMBERT (Catherine)
Dictionnaire des symboles, des rites et des croyances
Paris, Hachette, 2003,434 p
TIDJANI (Dina)
Dictionnaire des prénoms arabes
Lyon, Editions Tawhid, 2005, 419 p
WARING (Philippe)
Dictionnaire des présages et des superstitions
Traduit et adapté par Christel Rollinat
Paris, Editions du Rocher, 1982,271 p

OUVRAGES BIBLIOGRAPHIQUES

DEJEUX(Jean)
1-Bibliographie méthodologique et critique de la littérature algérienne 1945-1977
Alger, SNED, 1979,307 p
2-Situation de la littérature maghrébine de langue française. Approche historique-Approche critique. Bibliographie méthodique des œuvres maghrébine de fiction 1920-1978
Alger, OPU, 1982,269 p
LARNAUDE (Marcel)
« Bibliographie Algérienne (1934) » in Revue Africaine, 1935, pp196-209

MAYNADIES (Michel)
Bibliographie Algérienne. Répertoire des sources documentaires relatives à l'Algérie
Alger, OPU, 1989,336 p
SHINAR (Pessah)
Islam maghrébin contemporain. Bibliographie annotée
Paris, Editions du CNRS, 1983, 506 p
TRAVAUX & OUVRAGES
ABOU BEKR (Abdeslam)
« Notes sur les amulettes chez les indigènes algériens », Revue Africaine, 1937, pp309-18
ADHAHABIY (L'Imam)
Les péchés capitaux. Résumé de l'ouvrage de l'Imam Adhahabiy
Traduction de Youssef Sattay. Revu et corrigé par le département des traductions
Bruxelles,Ed. El- Fajr, 2006,94 p

ANDEZIAN, (Sossie)

-« mysticisme extatique dans le religieux algérien contemporain, Annuaire de l'Afrique du Nord, Tome XXXIII, 1994pp.323-338
- Expériences du divin dans l'Algérie contemporaine. Adeptes des saints dans la région de Tlemcen. Paris : CNRS ,2001

ANONYME
1-Les types de monothéisme
Traduction et publication de Daroussalam ; révision de Mohammed Al –Amin Ben Ibrahim
Riadh, Daroussalam,2001,32 p
2-Les piliers de la foi
Traduction et publication de Daroussalam ; révision de Mohammed Al –Amin Ben Ibrahim
Riadh, Daroussalam, 2005,32 p
ANONYME
« Acte du Bey Larou, d'Oran en faveur des habitants d'Ain-El-Hout (Ramadhan 1124- heg. :1712 ap.J.C.) », in Bulletin de la Société « Les amis du Vieux de Tlemcen), année 1956, p.160
BAGHLI (Ouahiba)
Chaussures traditionnelles Algériennes
Alger, SNED, 1977,63 p(Document n° 2 du CRAPE)

BEAUD (Michel)
L'art de la thèse
Comment préparer et rédiger une thèse de doctorat, de magister ou un mémoire de fin de licence
Alger, Casbah éditions,1999, 172 p
BEAUD (Stéphane, Florence Weber)
Guide de l'enquête de terrain
Paris, La Découverte, 2003,357 p
BELHALFAOUI(Mohammed)
1-La poésie arabe maghrébine d'expression populaire
Paris, François Maspéro, 1982,206 p
2-« Le Melhoun : une production classique et une relève »,Thurath (les cahiers du CRASC) n° 15, 2006 : Le melhoun : textes et documents ,pp. 67-88
BENABADJI (Foudil)
Tlemcen dans l'histoire à travers les contes et légendes
Préface de Mohammed Dib
Paris, Publisud, 2003,448 p
BENACHENHOU (A)
Connaissance du Maghreb. Notions d'éthographie, d'histoire et de sociologie
Alger, Editions Populaires de l'Armée,1971, 388 p
BENALLOU(Lamine)
1-L'Oranie espagnole
Approche sociale et linguistique
Oran, Dar El Gharb, 2002,206 p
2- Essai de bibliographie linguistique algérienne
Alger, Office des Publications Universitaires, 1984,83p
3- Dictionnaire des hispanismes dans le parler de l'Oranie
Alger, Office des Publications Universitaires, 1992,83p
BENATTIA (Abderrahman)
Histoire d'une langue universelle.L'arabe
Alger, Editions Houma, 2006,383 p
BENAOUM (Ahmed)
« Uled Sidi Esh Sheykh. Essai sur les représentations hagiographiques de l'espace dans le sud ouest de l'Algérie », Insaniyat n° 02 (Mai- Août 1997).pp187-196
5-Uled Sidi Esh Sheykh, essai sur les représentations hagiographiques de l'espace au sud-ouest de l'Algérie, Thèse de doctorat d'Etat es lettres et sciences humaines, Université de Provence-centre d'Aix, 1993

BEN GHEBRIT (Si Kaddour)
« Tlemcen, perle du Maghreb Tlemcen et sa région », N° spécial de Richesses de France, 1er trimestre 1954, pp13-20pp43-4
BENHAMOUDA (Boualem, docteur)
1-Les clés de la langue arabe
Alger, OPU, 1993,413 p
2- L'origine arabe de la langue Française
Paris, Dialogues éditions, 1996,131p
3-L'origine exacte de certains mots espagnols. Etudes accompagnée de citations à apporter au dictionnaire de l'Academie Royale de Langue espagnole
Alger, éditions Dar El Oumma,1991,126 p
BENKHEIRA (Mohammed Hocine)
Islam et interdits alimentaires.Juguler l'animalité
Paris, PUF, 2000,219 p
BENRAMDANE (Farid)
« Espace, signe et identité au Maghreb. Du nom au symbole », Insaniyat n° 09 (Septembre- Décembre 1999), pp.5-17
BERGER (Peter) et THOMAS(Luckmann)
La construction sociale de la réalité
Paris, Armand Colin, 2006,358p
BERQUE (Augustin)
« Les intellectuels algériens », Revue Africaine, 1947, pp123-51 et 260-76
BERQUE (Jacques)
Ulémas, fondateurs insurgés du Maghreb
Paris, Sindbad, 1982,297p
BERTRAND (A.)
« Amghar », in Encyclopédie Berbère Tome IV pp592-3
BOBINEAU (Olivier) et TANK-STORPER (Sébastien)
Sociologie des religions
Paris, Arnaud Colin,2007,128 p
BODIN (Marcel)
« Notes et questions sur Sidi Ahmed –ben- Youssef », Revue Africaine, 1925, pp115-89
BOISSEVAIN (Katia)
« Corps d'adeptes, paroles de Dieu et visions de saints. Pratiques rituelles masculines et féminines dans deux sanctuaires de Tunis », Revue des mondes musulmans et de la Méditerranée N° double 113-114, sous la direction de Catherine Mayeur-Jaouen et Bernard Heyberger) année 2006 « Le corps et le sacré en Orient musulman » ,pp179-93

BOUCHERIT (Aziza)
L'arabe parlé à Alger
Alger, Editions ANEP, 2006,338 p
BOUDJEDRA (Rachid)
Vies quotidiennes Contemporaines en Algérie
Paris Hachette1971, 253 p
BOURAYOU (Abdelhamid)
Les contes populaires algériens d'expression arabe
Alger, OPU, 1993,267 p
BOURDIEU (Pierre)
1-Langage et pouvoir symbolique
Paris, Editions Fayard, 2001,423 p
2-La domination masculine
Paris, Le Seuil, 2002,177 p
3- sociologie de l'Algérie
Alger, Dahlab, 1996,127 p
BOUSSER (M) et KHELLADI (A)
« Enquête sur le trousseau (Choura) et le sadaq au Maroc (premiers résultats) », Revue Africaine, 1942, pp102-55
BOUTEMENE (Yahia)
1-La zaouïa des Ouled Sidi Benamar, près de Nédroma
Tlemcen, Editions « La Koutoubia », 1950,40 p
2-« La zaouia de Sidi Benamar Tlemcen et sa région », N° spécial de Richesses de France, 1er trimestre 1954, pp13-20 pp58-9
BRAUDEL (Fernand)
1-« Les espagnols et l'Afrique du Nord de 1492 à 1577 », Revue Africaine, 1928, pp184-233 et 351-428
2-« Un voyage à travers le passé de l'Algérie», Revue Africaine,1930, pp154-65
CAILLOIS (Roger)
1-L'homme et le sacré
Paris, Gallimard, 2006,250 p
2-Le mythe et l'homme
Paris, Gallimard, 2002,189p
CALVET (Louis-Jean)
La sociolinguistique
Paris, PUF,2009,127 p
(Que Sais-Je ?) (6ième édition)
CAMPS- FABRER (H.)et MORIN BARDE (M.)
« Amulette », in Encyclopédie Berbère, Tome IV, pp613-22

CANDAU (Joêl)
Anthropologie de la mémoire
Paris , PUF,1996,128 , coll.QSJ.
CARATINI (Roger)
1-Mahomet. Vie du Prophète
Paris, L'Archipel, 2002,612p
2- Initiation à l'Islam. La foi et la pratique
Paris, Archipoche ,2006,218 p
CAZENEUVE (Jean)
Sociologie du rite
Paris PUF1971,334p
CHARIF (Ghouti)
L'arbre de Tlemcen
Tlemcen, Imprimerie régionale Sari, 1993, 41p + (?)+ 38 p
CHEHRIT (Kamal)
Les janissaires. Origines et histoire des milices turques des provinces ottomanes et tout spécialement celle d'Alger .
Alger, édition GAL, 2004, 221p(recueil et sélections de textes et synthèses réalisés par Chehrit Kamal)
CHELHOD (Joseph)
Structure du sacré chez les arabes
Paris, Maisonneuve et Larose,1986,287p
CHELLIG (Nadia)
Jazya, princesse berbère.
Alger, CNRPAH-Chihab,1998,170 p
COLLECTIF
Sidi Lakhdar Ben Khelouf. Sa vie, ses qacidates
Oran, Dar El Gharb,2006,52p +256 p
COLLECTIF
Les janissaires. Origines et histoire des milices turques des provinces ottomanes et tout spécialement celle d'Alger
Textes sélectionnés et synthèses réalisés par Kamal Chehrit
Alger, Editions G.A.L.,2004,221 p
COLLECTIF
Histoire de l'Algérie. dès origines à l'indépendance
Oran, L. Fouque, sd, 41p
(avec la collaboration d'inspecteurs primaires et instituteurs)
COLLECTIF (sous la direction de Marcel Détienne)
Transcrire les mythologies : traduction, écriture, historicité
Paris, Albin Michel, 1974, 273 p

COLLECTIF (sous la direction de S. de Carcalho, P.Lévêque et L.M.S. Trindade)
La colère et le sacré. Recherches franco-brésiliennes
Paris, PUF, 2000,168 p
COMBESSIE (Jean-Claude)
La méthode en sociologie
Alger, Casbah éditions,1998,123 p
COPANS (Jean)
L'enquête et ses méthodes. L'enquête ethnologique de terrain
Paris Armand Colin,2005, 137 p
COULANGEON (Philippe)
Sociologie des pratiques culturelles
Paris,La Découverte,2005,123p
CUCHE (Denys)
La notion de culture dans les sciences sociales
Alger, Casbah Editions,1998,123 p
DAUMAS (E.)
Mœurs et coutumes de l'Algérie
Introduction d'A. Djeghloul
Paris, Sindbad,1988,282 p
DEJEUX (Jean)
Djoh'a, hier et aujourd'hui
Sherbrooke, A.Naaman,1978,121 p
DHINA (Amar)
1-Femmes illustres en Islam
Alger, ENAL,1991,136 p
2-Manuel des débutants en Arabe Parlé
Alger,Baconnier,1958,107 p
DIB (Mohammed Souheil)
Contes animaliers. Adaptés du patrimoine oral Algérien.
Illustrations de Brahim Naceri et Sofiane Mekki
Oran ,Editions Le Petit Lecteur,2006,105 p
DINET (E.) et –BEN IBRAHIM (El Hadj Sliman)
1-La vie de Mohammed
Alger, La maison des Livres, 1989,295p
2-Le pèlerinage à la maison sacrée d'Allah
Alger , Librairie Société Algérienne, 1976,213 p (Illustrations de Hadj Nasr Eddine Dinet)
3- Mohammed, Prophète d'Allah
Paris, Celiv,1990,239 p

DJEGHLOUL (Abdelkader)
Eléments d'histoire culturelle algérienne
Alger, ENAL, 1984,244 p
DOUTTE (Edmond)
Les Aissaoua de Tlemcen en 1900. Charlons sur Marnes : imp Martin frères, 1900.
DUNETON (Claude)
La puce à l'oreille
Anthologie des expressions populaires avec leur origine
Parus, Stock,1978,413 p
DURAND(Gilbert)
« L'homme religieux et ses symboles », in collectif(sous la direction de Julien Ries), Les origines et le problème de l'homo religiosus volume I, (Traité d'anthropologie du sacré), Aix en Provence,Edisud, (1992),pp73-119
DURKHEIM (Emile)
1-Les règles de la méthode sociologique
Précédées de –Les règles de la méthode sociologique où l'instauration du raisonnement expérimental en sociologie- par Jean-Michel Berthelot.
Paris, Flammarion, 1988, 254 p
2-Les Formes élémentaires de la vie religieuse
Présenté par Michel Maffesoli
Paris, CNRS éd.,2008,638 p
EL HASSAR (Benali)
Tlemcen. Cité des grands maîtres de la musique arabo-andalouse
Alger, Editions Dalimen,2002,163 p
(Préface de Mahmoud-Agha Bouayed)
ELIADE (Mircéa)
Le sacré et le profane
Paris, Gallimard, 2007, 185p
ELIMAM (Abdou)
Le Maghribi
Alias « ed-darija »
(La langue consensuelle du Maghreb)
Oran, Dar El Gharb,2003,237 p
EL MEDJDOUB (A, Le derwiche)
Adages et Maximes
Textes recueillis par Rouaï Amina
Préface de Haldaoui Mamoune
Oran, Dar El Gharb,2001,124 p

FADH (Toufic)
La divination arabe
Etudes religieuses, sociologiques et folkloriques sur le milieu natif de l'Islam
Paris, Sindbad,1987,563 p
FERREOL (Gilles)
Vocabulaire de la sociologie
Paris, PUF,1997, 127 p
(Que sais-je ?)
FREUD (Sigmund)
Totem et tabou
(traduction de l'Allemand par Samuel Jankélévitch)
Paris, Payot et Rivages, 2008,226p
GAID (Mouloud)
1-Chronique des beys de Constantine
Alger, OPU, sd,160 p
2-Aguellids et romains en Berbérie
Alger, OPU-ENAL,1985,149 p
3-L'Algérie sous les turcs
Alger, éditions Mimouni,1991,239 p
GAUDEFROY –DEMOMBYNE (M) et ZENAGUI (Abdelaziz)
« Récit en dialecte tlemcenien », Journal Asiatique, juillet –Aout 1904, pp45 - 117
GRIMM
Contes
Paris, Gallimard,1990,215 p

GUENAOU (Mustapha)
1- L'introduction progressive de l'outil informatique dans le cadre de la formation et de l'apprentissage des langues étrangères en Algérie in Paradigmes vol IV, n° 01, 2021, pp.135-153
2- L'Ukraine moderne et le monde : perspectives du F.E.C. (Production de l'Université de l'Ukraine) , 2020, pp.136-140
3-Le Roumain à l'ère des Nouvelles Technologies de l'Information et de la Communication. Un processus d'apprentissage dans le temps et dans l'espace : l'exemple de l'IDAU »
4-« Les Techniques de l'Utilisation des Nouvelles Technologies de l'Information et de la Communication et la sauvegarde du patrimoine immatériel : l'exemple de l'I.D.A.U. et de l'E.D.E.N. »
(Séminaire national organisé par le laboratoire et leur comparaison, Université Abou Bekr Belkaïd Tlemcen mai 2014)

GUITTET (André)
L'entretien. Techniques et pratiques
Paris, Arnaud Colin,2008, 219 p (7ième édition)

HACHELAF (Mohamed El habib)
El Haoufi . Chants de femmes d'Algérie
Alger,éditions Alpha,2006,373p

HADJ –SADOK (Mahammed)
Milyana et son patron (waliyy) Sayyid-î Ahmad b.Yûsuf
(Monographie d'une ville moyenne d'Algérie)
Alger, OPU,1989, 152p+158p

HAFIZ (Nadia)
« Les chansons de la Casbah », Thurath (les cahiers du CRASC) n° 15, 2006 : Le melhoun : textes et documents (sous la direction de Ahmed Amine Dellaï,) Pp155-61

HALBWACHS(Maurice)
La mémoire collective.
Paris,PUF,1968,204p

HAMIDOU (Abdelhamid)
1-« Aperçu sur la poésie vulgaire de Tlemcen. Les deux poètes populaires de Tlemcen : Ibn Amsaïb et Ibn Triki », Revue Africaine, 1936, pp1007-46
2-« Devinettes populaires de Tlemcen » Revue Africaine, 1937, pp 357-72

HUNKE (Sigrid)
Le soleil d'Allah brille sur l'Occident. Notre héritage arabe
Traduit de l'Allemand par Solange et Georges de Lalène
Paris, éditions Albin Michel, 1972,404 p

IBN MERIEM
El Bûstan ou jardins des biographies des saints et savants de Tlemcen. Texte édité par Mûhammed Ben Sheneb Alger, Fontana,1908, traduction F..Provenzali,
Alger, Fontana,1910 . Les Editions Ibn Khaldoun (Tlemcen) l'a réédité.

KHEDDOUCI (Rabah)
Encyclopédie des Proverbes Algériens
(traduction de Mustapha Ferhat)
Alger, Dar-el-Hadhara,2002,197 p

LACHERAF (Mostefa)
Des noms et des lieux.
Mémoires d'une Algérie oubliée.
Souvenirs d'enfance et de jeunesse
Alger, Casbah Edition, 1998,335 p
LACOSTE-DUJARDIN (Camille)
Le conte kabyle. Etude ethnologique
Alger, Bouchène,1991,534 p
MAHDJOUB (Abderahmane)
« Fêtes et coutumes musulmanes Tlemcen et sa région », N° spécial de Richesses de France, 1er trimestre 1954, pp13-20pp47-52
MARAVAL -BERTHOUIN (A)
« Lalla Setti Tlemcen et sa région », N° spécial de Richesses de France, 1er trimestre 1954, pp13-20 pp67-8
MAUNIER (René)
Coutumes algériennes
Paris,Ed.Domat-Montchrestien,1935, 202 p
MAUSS (Marcel)
1-Manuel d'ethnographie
Paris Payot et Rivages, 2002,363 p
2-Œuvres.1.les fonctions sociales du sacré
Paris, Les Editions de Minuit, 2005,636p
3- Essai sur le don, suivi de rapports de la psychanalyse et de la sociologie
Alger, ENAG éditions, 1989,231 p
(Présentation de Houria Benbarkat)
4- Essais de sociologie
Paris, éditions de Minuit, 1971,252 p
5-Sociologie et anthropologie
Introduction de Claude Levy Strauss.
Paris, PUF, 1968, 482 p
MEHADJI (Rahmouna)
1-« De l'intraduisibilité à la traduisibilité des termes dialectaux dans les contes oraux algériens », Thurath (les cahiers du CRASC) n° 10, 2005 : Représentations sociales (sous la direction de Hadj Miliani), pp 33-42
2-« Eléments de bibliographie sur le conte », Thurath (les cahiers du CRASC) n° 8, 2004 : Patrimoine immatériel. Matériaux, documents et étude de cas (sous la direction de Hadj Miliani), pp 109-116

3-« Le conte populaire : théâtralisation et écriture », Thurath (les cahiers du CRASC) n° 8, 2004 : Patrimoine immatériel. Matériaux, documents et étude de cas (sous la direction de Hadj Miliani), pp15-22

MERAD (Zoulikha)

1-Contes arabes de Tlemcen. Essai d'analyse textuelle
Alger, ENAP,1991,325 p

2- « colinguisme » et langage de connivence. Les noms de la femme dans l'argot des jeunes en Algérie, Insaniyat n° 32-33(Avril-Septembre 2006), pp111-126

MONTAGNON (Pierre)

Histoire de l'Algérie. dés origines à nos jours
Paris, France Loisirs,1999,399 p

MORIN (Edgar)

Sociologie
Edition revue et augmentée par l'auteur
Paris, Fayard, 1994,456 p

MOREAU (Marie-Louise

Sociolinguistique. Concepts de base
(Belgique), Pierre Mardaga éditeur,1997,312 p

NACIB (Youssef)

1-Eléments sur la tradition orale
Alger, SNED,1982,143p

2- Cultures oasiennes. Bousâada :essai d'histoire sociale
Préface de Milton Santos.
Alger, ENAL,1986,505 p

3-Proverbes et dictons Kabyles
Alger, Editions Andalouses ,sd, 320 p

PROVENZALI (F.)

El Bostan ou jardin des biographies des saints et savants de Tlemcen, par Ibn Meryem, traduit et annoté
Alger, Fontana frères, 1910

ROUISSI (Moncer)

Population et société au Maghreb
Alger, OPU, 1983,189 p

RUFE(Paul)

Domination espagnole à Oran sous le gouvernement du comte d'Alcaudete 1534-1558, avec un appendice contenant six documents inédits
Alger, Editions Mimouni, sd,180 p

SCELLES –MILLIE (J.)
Traditions algériennes
Paris ,G-P ; Maisonneuve et Larose, 1979,301 p
SINGLY (François de)
L'enquête et ses méthodes. Le questionnaire
(2e édition refondue)
Paris, Armand Colin,2006,127 p
TAHAR (Ahmed)
« La société de Benguennûn. Les écoles de Mascara et de Mazouna », Thurath (les cahiers du CRASC) n° 15, 2006 : Le melhoun : textes et documents (sous la direction de Ahmed Amine Dellaï), pp89-92
TILLION (Germaine)
1-Il était un fois l'ethnographie
Paris, Le Seuil, 2000,344p
2-Le harem et les cousins
Paris, Le Seuil, 2008,212 p
YELLES –CHAOUCH (Mourad)
Le Hawfi. Poésie féminine et tradition orale au Maghreb
Alger, OPU, 1990,424 p

TABLE DES MATIERES

Printed by Books on Demand GmbH, Norderstedt / Germany